JN310536

岡本太郎と日本の祭り

川崎市岡本太郎美術館 編

二玄社

・本書に掲載する岡本太郎の写真ならびに美術作品は、すべて川崎市岡本太郎美術館が所蔵するものである。

・本書中に明朝体で表記した各祭りの解説文は編集部が作成したものである。また、岡本太郎の文章はすべてゴシック体で表記し、これと区別した。

・本書は、川崎市岡本太郎美術館開催の企画展「太郎の祭り」(二〇一〇年七月十七日～九月二十日)での展示をもとに、書籍刊行物としてあらたに再構成したものである。

岡本太郎と日本の祭り◉目次

祭

岡本太郎

祭は人生の歓び、生きがいだ。ふだん人は社会システムにまき込まれ、縛られて、真の自己存在を失っている。だが祭のときにこそ宇宙的にひらき、すべてと溶けあって、歌い、踊り、無条件に飲み、食らい、全人間的なふくらみ、つまり本来の己をとりもどすのだ。歓喜の爆発。

あらゆる民族に、さまざまの独自な祭がある。北の氷雪にとざされた苛酷な世界にも、南国の極彩色にひらいた豊かな自然の中にも。山には山の、海には海の祭。農耕、狩猟、漁撈、遊牧、それに都市の市民層。生活形態や環境に応じて、それぞれの〝いのち〟を燃えあがらせ、生きがいを確かめて来たのである。

本来、人間の営みは何らかの形で自然と対決しながら生きて行かなければならない。それが運命だ。労働し、生産し、蓄積する。生活を支えるためのさまざまの日常的条件はきびしい。それは人間にとって確かに、生きる手ごたえであり、よろこびであると同時に、また一種の絶望感でもある。

そもそも生物としての人間、自然的存在はどんなにちっぽけな、取るに足らぬいのちでも、非力でも、宇宙の中に生まれるべくして生まれ、すべてと合体していたのだ。それが人間としての意識を身につけはじめてから、狭い分際、限界の中にとじ込められる。自分自身で身の程をわきまえて、宇宙的存在感から己を切り離してしまう。自分の力や価値を相対的に捉えるようになって、絶対感を失うのだ。

しかし、全存在でありたい。確かに、日常の生活は秩序なしには成り立たない。ルールに従い、苦労して糧を得る。だがそういう、社会生活を維持して行くための規制、ノーマルな掟とは別のスジが、人間をつき動かす。ある時期に、突然秩序をひっくりかえす。いわば社会の対極的力学の不可欠の要素として、無条件の生命の解放、爆発が仕組まれている。そのとき人間は、日常の己を超えて燃えあがり、根源的な炎、宇宙と感動的に合体するのだ。

それが「祭」だ。

だから祭の時は日常の価値観とか、守らなければならないさまざまの規制から脱し、ふみこえる。反日常性が祭本来のあり方と言える。実例をあげればきりがないが、面白い情況がいろいろある。例えば、村の中でふだんは馬鹿にされ、卑しめられている、不具とか盲目、或いは痴呆というような者が、祭の時だけ王様のように奉られたりする。みんなが裸で荒れまわったり、暴力的な昂揚や、人死《ひとじ》にまで許される。誰でもが歌い、腰の曲った爺さん婆さんでも踊りだし、朝から酒を飲み、ふんだんに飲み食いし、勤倹貯蓄の美徳をこの時ばかりは蹴とばして、馬鹿々々しいような大盤振舞いもする。それにふだんなら絶対に許されないフリーセックス……。

まったく無条件に互いにひらきあい、消費することは祭の大きなポイントなのだ。物質的にも、生命力の上でも。無目的に消費することによって宇宙と合体する。存在の絶対感をとりもどすのである。

祭は本来はまったく無償の行為なのである。無目的、無条件に爆発し、エネルギーを消費する。そこに逆に、新しい生命力がふきあがる。祭は生命の循環のドラマチックな凝集だ。

日本語には「はれ」と「け」という言葉がある。その対極の断絶が激しければ激しいほど、生命力は充実し、緊張する。かつて祭は年に一回、或いは数年に一回のこともあった。お祭の時にだけもりあがった色・音・形。誰でもが食べたり飲んだり踊ったりする自由。そのために人々はふだんは営々と努力し、ひたすら励む。だからこそ祭の昂揚も激しいのだ。

ところで、実に今日社会のシステム、政治経済の条件は、本来の祭を消滅させつつあるのだ。生産形態が変り、生活が近代化された。人々の意識も当然変化する。伝統的な祭も次第に意味が忘れられ、切実さを失ってくるからだ。

いま残っている祭といえば、ほとんど観光資源になっている。形ばかり華やかに保存されても、人あつめの見世物にすぎない。一方、万国博とかオリンピックなどという現代的な祭が生まれているが、これも一般の誰でもが主体的に参加し、創ったり、踊ったり、競技するわけではない。ただ観客として、見物するだけ。どんなに盛大でも、自分がやるという責任と情熱を抜きにして、ただ眼だけで眺めている催しでは意味はない。

更に別な角度から言えば、今日の不幸は、祭がしょっちゅう日常的に、小出しに切り売りされているということだ。夜の町の盛り場、劇場や映画館、バー、キャバレー、

「明日の神話」原画　油彩・キャンバス　1968 年　177.0 × 1087.5cm

ディスコテックの乱チキ騒ぎ。家でゆっくりしている時でさえ、茶の間でテレビをひねれば踊ったりはねたり歌ったり、プロ野球もあればお相撲もある。祭のイリュージョンはあらゆる所にばらまかれている。それだけに、自分のすべてを賭けた絶対感、渦の中にとけ込むというような、全体的なもりあがり、集中はない。あとでは白々とした空しさが残るだけだ。

現代人のシラケとよく言われる。虚無感はあるがそれがどこから来ているのか、己自身で解らないでいる。何か生きる手ごたえをしっかりつかんでいないという漠然とした不安……一人だけの場でそれを克服しようとしても、なかなか難しい。狭くとざされるだけ。

祭はみんなで一緒に燃えあがる。そこが大切なところだ。その中で自己発見し、本来の人間的充実をとりもどすのだ。

かつての祭において、人々は超自然の神秘と交通し、ふだんの自分でない、自分を超えた存在になった。みんなが一体になって祭を創り上げたのだ。

現代生活にはかつてのような神聖感はない。だが「人間」であることの深さと豊かさ、怖しさをも含めて、新たな決意で人生に対面し、存在の凄みに戦慄することは出来るだろう。それは新たな、生きるよろこびを回復することだ。そのような衝撃的なチャンスとして、すべての人が身をもって参加する祭を創造したい。これが本当の人生であり、芸術であるからだ。

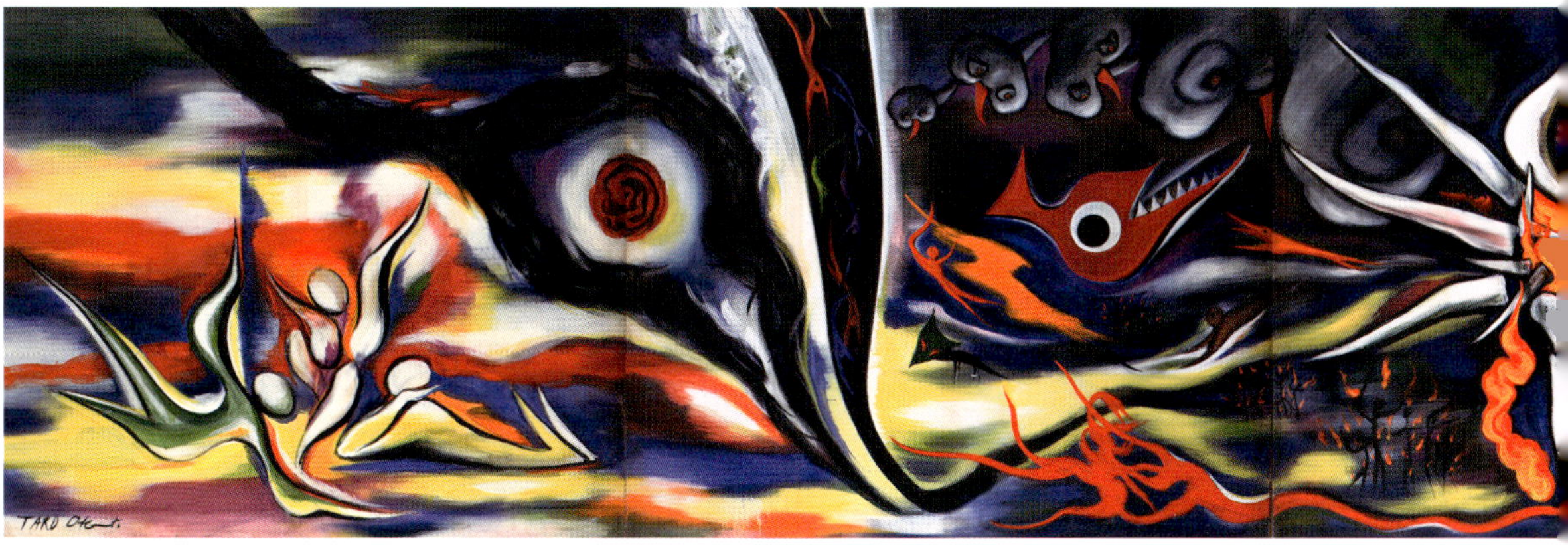

「赤のイコン」　油彩・キャンバス　1961 年　194.3 × 140.3cm

I

東北

恐山

青森県・一九六二年七月撮影

下北半島の恐山は比叡山、高野山とともに日本三大霊場のひとつといわれる。恐山菩提寺は平安前期の貞観四年（八六二）、慈覚大師円仁《えんにん》による開山とされ、天台宗の修験道場として知られた。この地域はまた地蔵信仰の盛んな土地でもある。参詣者は境内に点在する地獄をめぐり、賽の河原のある宇曽利《うそり》湖にたどりつく。恐山は死者の霊魂が集まるところと信じられ、特に七月二十日から二十四日に行われる恐山大祭には、亡き人の声を伝えるイタコの口寄せが、多くの人びとを集めている。

霊が存在するか、しないか。そして霊媒なるものが本当にそれと通じているのかどうか——尊敬すべき学者の真面目な追究から、夏の夜の世間話の途中、急に真顔になってオッパジメル経験談、その肯定・否定にいたるまで、繰り返し繰り返される情熱的な課題だ。そしてとかく、本当かウソか、白か黒か、などと分けたがる。どちらにしても同じように素朴だ。

そういう神秘が現象として、また情熱としてそこにある。この国の幾つかの層に、軸になって働き、現実に役割をになっている、ということが生きた事実だ。ことに民衆の信仰にはこれがポイントである。

生活の中の、それによってみんなが泣いて、笑って、動いている。——実はわれわれ合理性を信じている現代生活の裏側にも、それはうごめいていて、意外に色をかえ形をかえてたちあらわれているのだ。

恐山には、また川倉地蔵にはそれがアラワに、色濃い祭りとして出ているのだ。その筋が大事であり、それをつかまえなければ日本人の、そして人間の問題として、突っ込んで行く意味はない。

「おしら様」という呪術的な神像、馬と人間をかたどった人形がひどく印象的だった。

それらの形や彩り、ねっとりしていながら、純粋で、すき透っている。見ていると、アイヌの厚司を思い出したり、縄文的な気配、そしてあの鹿角のエゾ模様が、ふたたび強烈に心に浮んできたりする。

土の匂い、それを土台にして、かつては日本全土をおおっていた美意識が、この東北地方の人たちのセンスの中にはまだ生きつづけている。

イタコ

東北地方の津軽や南部地方で主に活動する巫女のことで、盲目や弱視の女性が多い。祖先や死者の霊が乗り移ってその言葉を語る「口寄せ」に特色があり、その霊媒的な役割と憑依の現象はシャーマニズムに共通するものといわれる。下北の恐山や川倉地蔵尊の地蔵講には数多くのイタコが集まる。また村の古くからの家々にも、春秋の祭りのときにイタコが招かれ、病の原因となる霊を占い、それを祓う習俗が残っている。

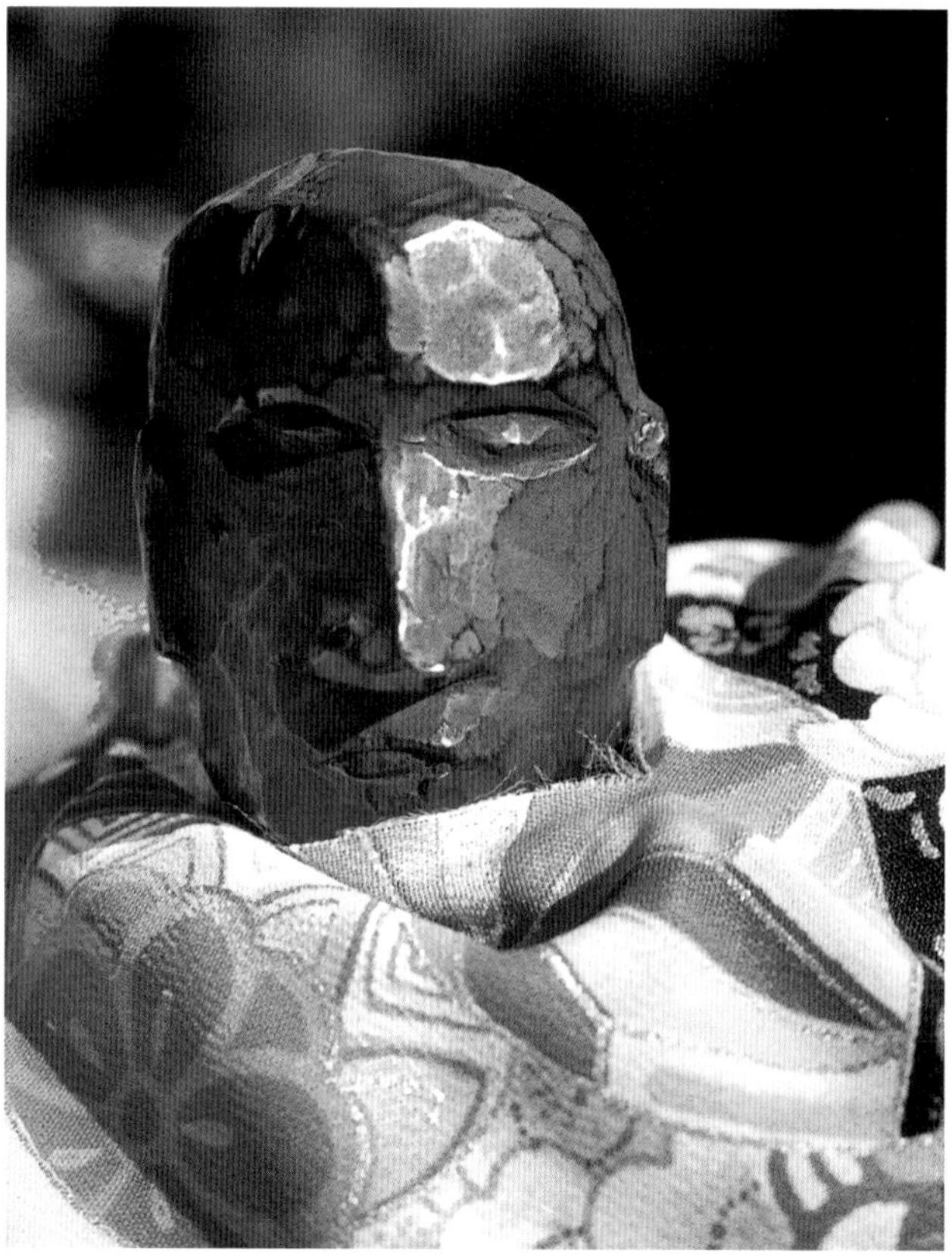

オシラさま

主に東北地方の旧家や村落などで祀られる民間信仰の神。御神体は桑など三十センチほどの木製の棒先に男女一対の、あるいは馬と娘の顔を表わし、布製の衣を重ね着せたものが神棚に納められている。祭日にはイタコが回ってきて、オシラ祭文を語りながら御神体を打ち振ったり、オセンダクと称して新しい衣を重ね着させたりする。本来は家の神で、家族の息災などが祈願されるが、養蚕の神としても祀られ、今日ではムラの神とするところもある。オシラさまの伝説は柳田國男の『遠野物語』にも紹介されている。

淡島さま

淡島神は全国に広がる淡島（淡嶋、粟島、淡路）神社の祭神で、その総本社は和歌山市加太の淡嶋神社。淡島さまは主に婦人病に霊験あらたかとされ、安産や子授け、あるいは裁縫の上達なども祈願され、さまざまな形の人形や男根形などが奉納される。江戸時代には、淡島願人《がんにん》と呼ばれる人々が、淡島さまの人形を収めた厨子を背負って歩き、家々の門に立ってその由来や霊験を説いて各地に信仰を広めた。

ゆるやかにうねる岩木川の、ちょうど屈曲するあたり、道ばたの一本の立木にからんで、巨大な青い竜が、ぐっとのけぞってカマ首をつき出し、真赤な口をひらいて、むき出した眼が西の空をにらんでいる。車からとび出して見ると、遠く岩木山を背景に、うすいピンクグレイに拡散した光の中、木の高みに首をひっかけ、何メートルもある藁の蛇体をだらりとたらしている。木製の首の、ウルトラの塗り色は異様になまである。

こんなバカデカく、もの凄いもんだとは思わなかった。話で聞いていた時には、何かちょっとしたオマジナイ程度のもののような気がしていたのである。古い農民の風習が意外にも逞しいのに驚く。

（中略）

あんな風に平気で、何気なく、プラプラしているよさ。（中略）つまり年中行事であって、生活の呼吸とともに、あらわれては消える。生活感にあふれた形は美しい。しかしそれは造型的に、美の対象として、しかつめらしく価値づけるよりも、この時間と空間の中で感動し、また送り流す。むしろ無形のモメント、そういう文化として味わうべきものだと思った。

下古川の虫送り

青森県・一九六二年七月撮影

虫送りは田植えの終わった初夏の六月頃に、農作物につく害虫を追い払い、五穀豊穣を祈願する行事で、青森県では今も各地で虫送り行事が行われているが、津軽では、害虫の身代わりとしてムシと呼ばれる龍などをかたどった藁製の蛇体を作り、神社境内から出発した行列は笛や太鼓ではやし立てながら集落を巡り、最後に村はずれの木にムシを掛ける。これは集落に害虫や災いが入りこむのを防ぐ意味がこめられている。南部地方ではムシとして男女一対の藁人形が送り出されたり、立てられたりする例がある。

川倉地蔵尊

青森県・一九六二年七月撮影

青森県五所川原市金木町川倉にある、賽の河原地蔵尊の堂内とその周辺には、二千体にも及ぶお地蔵様がまつられている。伝説によれば、数千年もの昔、空から摩訶不思議な御燈明が飛来して、その光が照らし出したところから発見された地蔵尊を、ここに安置したのが始まりという。下北半島の恐山とともにイタコが集まることで知られており、旧暦六月下旬の例大祭には県外からも多くの参詣者が集まり、イタコの「口寄せ」に耳を傾ける。

一足、お堂の内部に足をふみ入れて、私はアッと声をあげてしまった。そんなに広くない堂内だが、お燈明に照し出されて、びっしりと、大小色とりどり、数限りない地蔵さまが並べたてられ、積み上げられているのだ。一つ一つが独特な、違った目つきでこちらを見ている。そして原色のハンラン。

（中略）

――お地蔵さまはお堂の中に一万体以上ある。亡くした子供とか、死んだ人の写真をもって行って、石屋に彫ってもらい、その土地土地から背負ってきて奉納するのだ。（中略）みんな、亡くした人に面ざしがそっくりだと信じている。兵隊帽をかぶっているのは、戦死した息子なのだ。地蔵会のとき、一年に一ぺんずつ逢いに来て、供養して泣くのである。

堂内は昨夜と変って、びっしりと人が押しよせ、線香の煙がたちこめ、お燈明の火がその奥でアカアカと息づいている。

（中略）

お堂の裏手の口よせ場にまわってみると、恐山よりはるかに大規模だ。昨夜の松林には無数のムシロで整然と日よけがしてあり、その下に何百人というイタコ、おがさまたちが黒々と熱っぽく寄りあっている。日は高くのぼって、もううだるような暑さがおそっている。耳が痛いほどの蝉しぐれ。それが口よせの祭文とまじりあって、あたりはムッとした妖気である。

夜はもう手放しに解放されている。
食べたり、喋ったり、輪になって
歌い、踊る。

十三の砂山踊り

津軽半島五所川原市の十三《じゅうさん》湖の「砂山《すなやま》祭り」で八月十四日から十六日まで催される盆踊り。かつてこの地にあった十三湊《とさみなと》は、中世の鎌倉・室町時代から天然の良港として、北海道との交易の拠点となり、朝鮮半島や中国とも貿易を行う、全国でも有数の港湾都市だった。盆踊り歌「十三《とさ》の砂山」は古くから伝わる民謡で、その哀愁をたたえた優雅な調べと、入船出船を歌い込んだ歌詞に遠く繁栄の時代をしのばせる。

午後、遠く車をとばして、北のはて十三港を見に行った。砂地にギラギラと日が照りつけて、人影もない。低い家なみは戸をしめきったまま。働ける者はみな出稼ぎに出ているのだそうだ。陽は白く、海は真青なのに、粛然とした町だ。

ひと気のないような家の陰から、お婆さんたちが揃いの浴衣でゾロゾロ出て来て、かねて頼んでおいた「十三の砂山おどり」をやって見せてくれた。

荒馬

青森県・一九六二年七月撮影

津軽地方に伝わる「荒馬《あらうま》」の踊りのうちでも、五所川原市の「金木《かなぎ》さなぶり荒馬踊り」が知られている。「早苗饗《さなぶり》」とは田植えを終えたあとの感謝の祝いのことで、五穀豊穣を願う「虫送り」が芸能化したものとされる。荒馬は田植えのときに使役される「代《しろ》掻《か》き馬」を表わしている。編み笠をかぶった若者があたかも馬にまたがったように、腰の辺りに馬頭の作りものをつけて踊り、手綱さばきや太刀振りに獅子も加わる。踊りの由来は江戸中期の弘前藩主津軽信政の雄姿をたたえたものと伝える。県の無形民俗文化財。

獅子踊り

青森県・一九六二年七月撮影

獅子舞は日本全土にさまざまな形式で分布する芸能で、獅子頭を舞わして悪疫や災いを祓う。シシは猪や鹿、熊など野性獣の総称でもある。津軽地方にも多くの獅子舞、獅子踊りが伝わっているが、弘前市の一野渡《いちのわたり》獅子踊りは、江戸前期の寛文二年（一六六二）の創始とされる。踊り手は兄弟の雄獅子と雌獅子の三人、それにオカシコと呼ばれる道化役からなり、八月十四日の舞い起こしから十二月一日の舞い納めまで地域一帯を巡って演じる。県の無形民俗文化財。

一野渡の

なまはげ

秋田県・一九五七年二月撮影

私が「なまはげ」にひかれたのは、第一にそのお面だった。書物で写真を見て、こいつはいい。無邪気で、おおらかで、神秘的だ。しかも濃い生活の匂いがする、と感心した。だいたい日本のお祭りの面などが、とかくしらじらしくこまっちゃくれているのに、底抜け、ベラボーな魅力。古い民衆芸術のゆがめられない姿だ。

なまはげは秋田県男鹿《おが》半島などに伝わる行事で、大晦日の夜に恐ろしげな鬼の面をかぶり、蓑を着け、木製の出刃包丁を手にした青年たちが数人の組みとなり、箱に物を入れてこれをカラカラと鳴らしながら家々を回って歩く。そして奇声をあげて怠け者をこらしめ、子供たちを威嚇する。本来は小正月（一月十五日）に訪れる祝福の神で、家の主人は酒肴や餅を用意してもてなし、なまはげも神棚を拝んで家内安全や大漁豊作を唱えて引き上げる。国の重要無形民俗文化財。

ぼんでんは秋田県各地に見られるが、横手市のぼんでんがそのスケールの大きさで最も知られている。ぼんでんとは細長い丸太の先に布製の御幣《ごへい》を下げ、しめ縄や派手な頭飾りを付けた三十キロにもおよぶもので、これが神の「依《よ》り代《しろ》」となる。梵天とも書くが、その語源は目立つものを意味する「ホデ」に由来するという説もある。横手で二月十五日に行われるぼんでんは約二百五十年の歴史を持ち、市内から数十本を連ねて旭岡山神社に奉納し、五穀豊穣、除災招福などを祈願する。

横手のぼんでん

秋田県・一九五七年二月撮影

西馬音内盆踊り

秋田県・一九六五年八月撮影

秋田県雄勝《おがち》郡羽後町《うごまち》に伝わる西馬音内《にしもない》盆踊りは日本三大盆踊りのひとつといわれ、八月十六日から三日間行われる。伝承では、鎌倉時代の正応年間（一二八八—九三）に源親《げんしん》という修行僧が蔵王権現を祀って現・御嶽《みたけ》神社を創建したときに、境内で豊年満作を祈願して踊らせたのが西馬音内盆踊りのはじまりという。野趣あふれるお囃子に乗って、上方風の優雅な踊りが繰り広げられる。踊り手の顔を覆う布や、数種の絹布をはぎあわせた「端《は》縫《ぬ》い」と呼ばれる衣裳にも特色がある。国の重要無形民俗文化財。

西馬音内に向かう。以前、日本青年館で行われた民俗芸能大会で、ここの盆踊りを見た。黒い頭巾を顔にたらした、亡霊のような装い。そして不思議に優雅な、格調のある踊りに魅せられた。是非一度、現地でたしかめたいと思っていたのだ。

（中略）

激しい太鼓の響き、笛の哀愁。急テンポなリズムだが、踊りの動きはあくまでも優美である。思い思いの踊りゆかた。広袖の袂、袖口に赤い裏をつけ、色あざやかなしごきを長く結び流している。洗練された、華やかな姿だ。軽やかなのは、お太鼓など背負っていないからだ。

そして男も女も、彦三《ひこさ》頭巾という、歌舞伎の黒子のかぶるようなのをかぶって、黒い布を顔の前にたらし、でなければ鳥追い笠を深く顎まで傾けてかぶり、まったく顔は見せないのだ。

数百人の踊り手が、優雅に手をあげ、片足を爪先だてて、軽く、すっと身を泳がせる。ゾクゾクするほど色っぽい。

慶長から元禄頃までの屏風絵から、そのまま生きてぬけ出して来たような姿、動き。

それが囃子とともに、火のまわりをえんえんとめぐって行くのだが、ただこの集団、全部、顔がないのだ。アノニーム、無名になる。すると逆に女は猛烈に女になり、男は男になる。

それが同じ息づきのなかに、渾沌とまざりあってしまう。誰々がどうなんていう判断や卑小な限界は消え失せ、あるものはただリズムであり、火に映えた色であり、形、動き、生きものなのだ。それが、すばらしく優美で、情感的で、天地をみたしてしまう。

今日もないし、明日もない。今だ。自分は自分であると同時に、みんなである。みんなであると同時に自分なのだ。

まさしく、今日あるがための命であったし、火が燃え、笛が鳴り、太鼓がとどろき、中空に月が冴える。

ここに人間と、霊のなまなましい交流、対決が現出している。

夜がふけるにつれて、かがり火は燃えさかり、囃子も急調子に、踊りは冴える。

「盆踊りが過ぎちまうと、心細くなります。このあたりはすぐ寒さがやってきます。稲刈りがはじまって忙しくなりますし。」

夏のさかり——季節の周期のなかで、天と地、人が、ひらききる時だ。お盆の呪術的な意味が、ひらめき出るような気がする。

一きわ高く笛の音が空にひびき、踊りは終わる。呪術は突然とける。人々は軽やかな足どりで散って行く。

鹿踊り

岩手県・一九五七年六月撮影

鹿踊りは獅子舞の一種で、岩手、宮城両県に多く伝わっている。その起源は平安時代中期、空也上人が死んだ鹿を供養した説話などもあって、古くは害獣として殺された鹿供養の意味があったようだ。鹿は八頭を基準とし、六頭や十二頭に及ぶものもある。背に竹を束ねた長いささらを負い、腹前に下げた太鼓を打ち鳴らしながら踊る。あるいは太鼓を持たず、幕を持って踊るタイプもある。角は本物の鹿の角か木製も用いる。お盆の頃や神社の祭礼で行われる。県の無形民俗文化財。

鹿踊りについては、私ははじめから、かつての縄文文化人が鹿の肉を常食にしていた時代の呪術的儀礼からの伝統だとにらんでいた。ちょうどアイヌの熊祭りと同じように。生活のためにそれを殺し、肉を食う。獲物を豊かに得るための呪術であり、またその霊に対する感謝、慰撫。そしてまた食べられてくれという願いをこめての、当然の儀式である。狩猟民族の面目がここにある。だから中央文化や仏教の以前、山と山の間にはさまれ、狭い世界に自然と格闘しながら生きていた時代の原始宗教の名残りに違いない。

もちろん、実際に見て確かめないうちは何ともいえない。しかし、ひどく興味があった。……あるいは、この疑問をとくために、今度岩手を企画したのではないか、と今になって自問自答するほどだ。

風土記全般にわたることなのだが、あらかじめ直観し、設定した問題をぶつけていく。――さて、相手がどんな風にそれを受け、応えてくるか、その本質は?――いざ目の前に展開するまでが、私にとってはたいへんなスリルなのである。

(中略)

新緑の木立を背景に、鹿踊りがはじまる。紺と赤の素朴でおもおもしい衣裳。黒漆塗、金、赤鮮やかに色わけされた、木の鼻づらを揃えて、ススキの穂をかたどった長いササラを天高く背負った鹿が、ずらっと横にならんで、低く太鼓を鳴らしはじめたとたん、すくい上げられるような歓びを感じた。ドライなジャズの出だしとちょっと似ている。だがはるかに神秘的だ。ジャズは身体がうきうきと動きだしてくるが、こいつは精神がテンドーしはじめる。

太鼓を打ち鳴らしながら、さっと足をあげ、たくましい鹿の角を揃えてきっと天をふりあおぐ、おどろな毛が空を切り、からみあう。

しかしそれはもう鹿ではない。獣――そして、それはまた人間そのものの気配でもある。人間――動物。どっちだかわからない。その凄み。

鬼剣舞はこれ（※編注　鹿踊り）にくらべればずっと時代は新しい。念仏踊りの系統を思わせるが、スポーティで歯ぎれのよい妙技だ。

双方を通じていえることだが、その空間的な舞踊性は日本では珍しい。いわゆる日本舞踊はだいたい、腰から下はペタッと舞台にへばりついてしまって、小手先のしなや目つき、首つきだけで抒情性を出したり、物語る。観念的、形式的だ。中国の京劇にしても、沖縄舞踊にしても、身体全体が浮游し、なめらかに空間を切り、躍動する。このリズミカルな空間構成こそ舞踊性だ。私は舞踊に関しては、日本の国土にはやや絶望していたのだが。

鬼剣舞

岩手県・一九五七年六月撮影

岩手県、宮城県に伝わる鬼剣舞《おにけんばい》は夏祭りなどに行われる。念仏剣舞とも呼ばれ、亡魂を鎮める念仏踊りの一種とみられている。長い毛を振り、憤怒の形相の鬼面を付けて力強く勇壮に踊るが、鬼面に角がないのは本来が仏の化身、明王を表わしているためと考えられている。踊り手は八人とするものが多く、これに道化面や笛・太鼓のお囃子で構成される。その独特な足の踏み方は、陰陽道の悪霊を踏み鎮める呪術的な歩行と通じるものがある。古代の修験道に起源を求める伝承もある。国の重要無形民俗文化財。

羽黒山の松例祭

山形県・一九六二年十二月三十一日～六三年一月一日撮影

大晦日から元旦にかけて羽黒山の出羽三山神社で行われる祭事で、歳夜祭《としやまつり》とも言われる。祭りのために九月から百日籠った二人の山伏の、いずれに神意がかなうかを競うかたちで神事がとり行われる。一三三三束の萱と綱で「つつが虫」をかたどった二本の大松明が作られる。その綱が刻まれて撒かれたものを集まった信者たちが魔除けとして奪い合う。その後火をつけられた松明が立てられ、その燃え具合で豊作と大漁が占われる。

この透明なだけの空間。しかしピーンと、こちらの胸にひびいてくる。神秘の直観である。

　私はかつて沖縄に旅行したとき、もっとも神聖な場所、ウタキ（御嶽）で、これとほとんど同質の感動を受けたことがある。その思い出が鮮冽な流れのようによみがえり、突然、全身をひたすのを覚えた。それは心の中に、透明な形をつくり、ふくらみとなって、急速に拡がって行く。

（中略）

　いまこの斎館では、羽黒修験の代表として、「以上」と「先途《せんど》」の二人の聖が九月から、別火精進、朝晩に水垢《みずご》離《り》をとって、祈祷三昧の行に入っている。これが終るのが、十二月三十一日。その朝から元旦の暁にかけて、「松例祭」がとり行われる。修験道の冬の峯の行事だ。四季それぞれの入峯の中でも、夏の「花祭」とともに、もっとも重要で、大がかりな祭りである。

十一時半。いよいよ「験競《げんくら》べ」と「大松明引き」の開始が迫ってくる。広場は急に活気づいて、NHKのライティングもいちだんと明るさをます。百名近く集った若者たちの熱気と興奮。かなりの人数が半身素っ裸だ。ライトの中に浮びあがると、もうもうと身体中から湯気が立っている。

以上方、先途方とも、例の四本の引綱を、規定の十三尋半の長さいっぱいに引きのばし、合図と同時に虫にひっかけて引き出せるように勢揃いする。各町ごとに道筋の雪をせわしく踏んで、足場を固める。黒い影、裸がもつれ、振りかざした松明の赤い火と入りみだれ、怒号はあたりの寒気をふるわせる。

何だこれは!? 写真。

イラストレーターetc
みうらじゅん

ただ時が流れ、ただ歳だけは十分に取ってしまった僕が「いやぁー、あん時の戦争は大変だったよ」と言えば、若者の中には信じる奴もいるかも知れない。自分がソーヤングな頃も、大人は全員、戦争に行ってるもんだと思ってた。だからこそ、大人なんだと認識してた。でも、よくよく聞いてみると、現在八十歳になる父親も戦争には行っていない。

随分、昔の話になるね。パリに留学した太郎さんが日本に引き戻され、戦争に行かされ嫌な目に遭わされたのは。日本は戦争に負けて何もかもボロボロになったんだって。昭和二十年。それから少しずつ復興し、後に経済大国にのし上るんだけど、どんどんアメリカナイズされていく日本の方がカッコ良く見えたみたいね。太郎さんはそんな日本の未来に嫌悪し、日本各地を回って〝何だこれは!?〟捜しの旅に出られたんじゃないのかな? 僕はそれを〝DS〟（どーかしてる）と、呼んでるんだけど、太郎さんは在日観光外人的視点でそれを初めて発見されたんだ。

田舎にあって都会にないもの。それは土着ってやつだ。戦火を逃れ、村人の厚い信仰で今なおキープオンしてる祭り。日常の生活を〝ケ〟と呼び、年に一度の祭りの日を〝ハレ〟と、呼ぶ。晴れ着のハレだね。そこには太郎さんの求める〝何だこれは!?〟が、凝縮され、爆発していた。

民俗学的な見地ではなく、その祭りの中に入り込んでシャッターを押しまくる太郎さん。きっと、目の玉は飛び出し気味だったのでしょう。その頃開発されたのか、太郎さんの持つ特殊なカメラは、正面を向きつつも横の風景を撮ることが出来たという。それは被写体が無意識のまま写り込むからなのだろうか? 〝何だこれは!?〟な現場を押さえるには最適である。そして、その写真はどれもリアルで祭りの息づかいが聞こえてきそうなものばかり。

うまく撮ろうとか、キレイに撮ろうとか、写真コンテストに出すような写真じゃない。言うなれば心のスナップ。〝何だこれは!?〟と、一番強く感じた時にシャッターは押されたのだろう。写真のこちら側に太郎さんの、あの睨んだお顔があると思うとワクワクしてくるじゃないか。
ハレの日は日常に囚われない非日常の世界が存在する。やってる人たちは本気で、見る者を威圧してくる。ただの見物人じゃ、怖いんだ。僕も〝とんまつり〟（頓馬な祭り）を巡っている時期、何度もそんな現場に遭遇した。〝踊るアホゥに見るアホゥ〟、太郎さんは同じアホなら踊りゃなソンソンとばかり自分なくしの旅に出られたんじゃないかな。

それが太郎さんの日本再発見。見栄や地位や、アメリカナイズされた日本を捨てて、もう一度、日本の土着パワーを復活させること。〝何だこれは!?〟に理由はない。何だかよく分らないからスゴイんだって。〝考えるな、感じるんだ〟、ブルース・リーも言ってたことだ。

だから太郎さんの芸術はいつもハレなんだな。

豊年祭
（愛知県小牧市・田縣神社、みうらじゅん撮影“とんまつり”）

つぶろさし
（佐渡島羽茂町・草刈神社、みうらじゅん撮影“とんまつり”）

蛙飛び行事
（奈良県吉野町・金峯山寺蔵王堂、みうらじゅん撮影“とんまつり”）

笑い祭り
（和歌山県日高川町･丹生神社、みうらじゅん撮影“とんまつり”）

水止舞祭
（東京都大田区･厳正寺、みうらじゅん撮影“とんまつり”）

「祭り」 FRP 1985年 120.0×110.0×80.0cm

Ⅱ 甲信越

諏訪の御柱祭

長野県・一九八〇年四・五月撮影

長野県の諏訪大社で寅と申の年の七年目ごとに、社殿の四寓にある樅の御柱《おんばしら》を立て替え、本宮の宝殿を新築する祭りで、正式には式年造営御柱大祭という。諏訪大社は諏訪湖周辺に上社本宮《かみしゃほんみや》と前宮《まえみや》、下社秋宮《しもしゃあきみや》と春宮《はるみや》の四つの宮があり、長さ十七メートル、重さ十トンを超えるような大木計十六本が山から伐り出される「山出し」は四月上旬、氏子たちが木遣り歌に合わせて道中を曳き、それぞれの社殿の四寓に御柱を立てる「里曳き」は五月上旬、宝殿の新築は五月、六月に行われる。県の無形民俗文化財。

私はとにかくナマ身で祭にふれてみたい。みなとやの縁で、下諏訪町の氏子の仲間に加えてもらい、ハッピに鉢巻という祭支度、一緒に引っ張るつもりなのだが、割り当てられた秋宮一はまだずっと後の方だ。

先行の御柱群をやり過し、やっと秋宮一の柱。これは大きい。直径一メートル近い大木、十七メートル、五トンもあるそうだ。根本の方にメドという穴をあけて、太い、三十センチもある曳綱が通してある。長さは百メートル以上もあるだろう。二本に分れた大綱に、曳子はめいめい自分の綱をかけ、力をあわせて引っ張る。

木遣衆が声を揃え、一きわ高々と冴えわたると、大木の先頭に乗った白い御幣《おんべ》の人が何か叫ぶ。激しくオンベが振られる。紺の腹掛、脚絆、地下足袋と、足ごしらえも厳重な梃子《てこ》方が、身の丈より長い棒を御柱の両側から差し込んでテコにし、軌道、方向を調整しながら掛声をかけて励ます。緊張が高まった瞬間、ズルズルッと走る。御柱の上には多勢、ハッピの男たちが乗っている。こぼれ落ちんばかりだ。狭い山村の道、しかも曲り角などは大変な苦労だ。梃子方は道路脇の溝にとび込み、また石垣にわが身を押しつけて、懸命に方向を調整する。別に誰の命令で動くのでもない。ただただみんながもりあげる熱気で、御柱は曳かれて行く。何か神秘的にさえ思える、原始的な行列だ。

御柱の通った道筋には、べったりと、残酷になま木の痕。裂けた木片がこびりついていたりする。

野を越え畠を越えて、引きずられて行く御柱。私にはまるで生きもののように感じられた。巨木は伐り倒されても生きている。メドは眼玉みたいだ。

（中略）

御幣をかざし、御柱の先頭にまたがっている腹掛・股引きの威勢のいい若い衆。その後にも十数人の男たちがしがみついて乗っている。木遣りの衆が勢揃いし、長老たちのオンベが打ち振られる。戦闘開始。

木遣りが高潮し、崖の上に身をのり出していた大木がずずっと滑りはじめる。とたんに何人か振り落された。そして一気に急傾斜を落下して行き、凹みのところでガクンとバウンドして止る。瞬間、バラバラッと全員が八方にはねられ、飛び散った。ハッと思った。御柱のナマ身から血がほとばしったかのように見えたからだ。

（中略）

ピンと巨木がはね、尻尾を振った。こぼれんばかりに人が乗っている。一ぺんに振り落され、狂奔する巨木にまき込まれる。アッという間もない、一瞬の出来事だった。叩きつけられ、下敷きになった一人は顔半分がめちゃめちゃ、片眼が飛び出す重傷、頭蓋骨骨折で間もなく亡くなったと聞く。

命がけの祭だ。

（中略）

山奥深く、天に突き立っている生命が、薙鎌で胸を刺され、根元から伐り倒されて、下界に引きずりおろされる。血だらけになって、高い崖から転落したり。それはまさに、人間存在そのものの姿ではないか。

人間は理想を抱く。天空を仰いで、高みにのぼって行くよろこびを思う。だがそのように望み、夢をふくらませればふくらますほど、かえって残酷に下降する。この世界で、夢のように飛翔して行くということはないのだ。夢と現実の矛盾。

しかしその循環しながら転がって行く悲劇が、ある窮極に達すると、この御柱のように、最後の段階で、再び天に向って立つ。孤独に。天地の間、無限の空間に、すっくりと立ちあがるのだ。救いである。夢の実現。だが終極でもある。「御柱祭」の一連のドラマは、まさに運命のサイクルだ。

野沢の道祖神祭り

長野県・一九八〇年一月撮影

長野県野沢温泉で一月十五日の小正月に行われる火祭り。主役は数え四十二歳の厄年を迎える者と前後三年続きの年齢層の男たちと、二十五歳の厄年の青年たちである。前年秋に山から刈り出したブナの木で豪壮な道祖神の社殿を築く。一方、前年に長男が生れた家では「灯籠」と呼ばれる大きな飾りを作り立て、家々では木製の男女の道祖神を作って祭場に持って行く。火祭りは社殿に松明で火をかける側と、それを防ぐ側の攻防戦のかたちをとり、最後に社殿に火が入れられると灯籠も燃やされる。国の重要無形民俗文化財。

「道祖神の火祭り」は、平安時代から伝わるという、古風な、勇壮なお祭りだ。
私は三年前、現村長、森さんの家に初孫が誕生して燈籠を出すという、そのお祝いに招かれて、ただ見物人としてではなく、村の側から身近にお祭りに参加することが出来た。

（中略）

今年厄年の男たちが、道祖神の社殿をまもる。それに対して、まわりの中から火のついた松明が投げられる。凄まじい攻防が続き、館の屋根の上に乗っている若い衆たちの半纏は焼けこげだらけ。ついに消しきれず燃えあがった炎は社殿を包み、夜空にふき上げる。その炎をめがけて、美しい初燈籠が投げ込まれ、ぱっとひときわ華やかな火花を散らす。

榊祭り

長野県・撮影年不詳

長野県佐久市望月で八月十五日に行われる火祭り。火と榊によって不浄を祓い清め、五穀豊穣と無病息災を祈願する。日没後、松明山にかがり火がともされると、数百人の若者がそれぞれ燃え盛る松明を手に山道を駆け降りて、鹿曲川《かくま》に一斉に火を投げ入れる。その後、お囃子に合わせて獅子舞が通りを練り歩き、御神木の榊の神輿が荒々しくぶつかり合いながら繰り出される。深夜に及んで神輿は大伴神社の石段を駆けあがる。

書って何だろう?

夏目房之介 著

978-4-544-01162-3

謙虚なシロートが決然と書に挑む。マンガ評論に一時代を画した著者が、悪戦苦闘しつつ〝書〟なるものの解明を試みる。

A5判変型・160頁●2100円

「書」を考える［書の本質とは］

松村茂樹 著

978-4-544-01164-7

中国の書文化と歴代の名品を軸に、書の本質を分かりやすく説いたエッセイ集。「書譜」「蘭亭序」など、文章の内容も解説。

B6判変型・256頁●1575円

中国書画探訪［関西の収蔵家とその名品］

曽布川寛 監修
関西中国書画コレクション研究会編

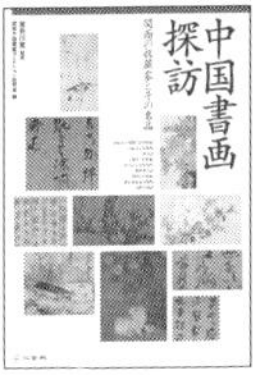

978-4-544-01081-7

関西の主要美術館が収蔵する中国書画の優品一五〇余点を収録。歴代収集家の熱き思いと、その交流を併せて紹介する。

B5判・216頁●2940円

書を学ぶ人のための 唐詩入門

村山吉廣 著

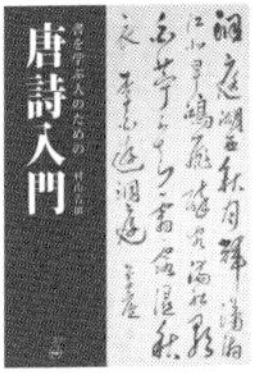

978-4-544-01163-0

初唐から晩唐の代表的な詩を収録し、原文・訓読・語釈・口語訳を掲載。また佐藤春夫など文学者による唐詩の名訳も紹介。

A5判・344頁●2310円

漢詩と名蹟

鷲野正明 著

978-4-544-01161-6

陶淵明や李白・杜甫・蘇軾など、長く親しまれてきた名作を読みながら、名家の筆になる美しい書をカラー図版で楽しむ。

B6判変型・200頁●2205円

書で味わう漢詩の世界［絶句名作選］

石川忠久 著

978-4-544-01694-9

詩情を理解し、心の通った書作品を作る為の手引書。絶句の名品五〇首を厳選し、三種の美しい毛筆書例を添える。

A4判・112頁●2100円

ほっとする親鸞聖人のことば

川村妙慶 文／髙橋白鷗 書

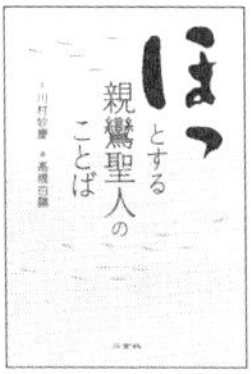

978-4-544-05133-9

真宗大谷派僧侶の川村妙慶と書家の髙橋白鷗の女流ふたりが、親鸞さんの教えをわかりやすく伝えた一冊。

B6判変型・160頁●1050円

ほっとする仏教の言葉

［捨てて生きる］

ひろさちや 文／村上翠亭 書

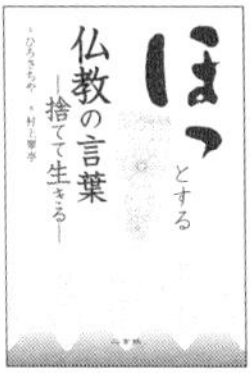

978-4-544-05135-3

釈迦から法然、道元、良寛まで、仏教の真髄を説く33の名言を選び平易に解説。欲望を捨てて生きることこそ幸福につながる。

B6判変型・152頁●1050円

ほっとする空海の言葉

＊3月刊

安元 剛 文／谷内弘照 書

978-4-544-05134-6

空海と真言密教。その深遠なる教えを日常の言葉で解説。壮大なスケールを持つ空海の人間像を一つ一つの言葉でたどる。

B6判変型・160頁●1260円

子規の書画

［新訂増補］

山上次郎 著

978-4-544-20020-1

短いながら充実した正岡子規の生涯を、遺された書画・書簡とともにたどり、子規と彼をとりまく人々の情景を蘇らせる。

B6判変型・336頁●2310円

山頭火

［俳句のこころ書のひびき］

山村曠 文／永守蒼穹 書

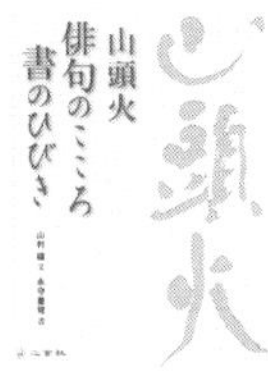

978-4-544-20018-8

自然や人間を詠った三四の句をテーマ別に鑑賞する。書家による渾身の書と、心に響く文章で山頭火の世界が今に甦る。

A5判変型・160頁●1785円

季語のキブン

坪内稔典 句／杭迫柏樹 書

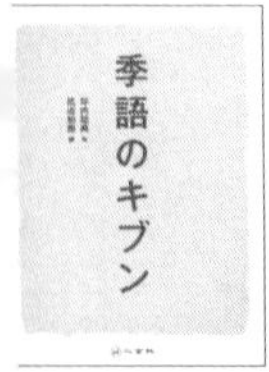

78-4-544-20015-7

季語にちなんだ軽妙なエッセイを、自らの句を元に展開、詩情に富んだ書が各篇を飾る。二大作家のコラボレーション。

A5判変型・152頁●1680円

クルマが先か？ヒコーキが先か？［Ⅳ］

岡部いさく 著

978-4-544-40049-6

緻密ながらコミカルなイラストと文で、クルマとヒコーキの意外な接点を描くシリーズ第4弾。燃料電池搭載の潜水艦も収録。

菊判・216頁●1890円

クルマが先か？ヒコーキが先か？［Ⅴ］

岡部いさく 著

978-4-544-40050-2

クルマとヒコーキの深い関わりと驚きのエピソードを綴ったシリーズ完結編。本書でのみ楽しめる新作書き下ろしも収録。

菊判・224頁●1890円

名車を創った男たち

［プロジェクト・リーダーの流儀］

大川悠・道田宣和・生方聡 共著

978-4-544-40051-9

ホンダNSXなどの名車を創ったリーダーたちにインタビューし、成功の理由を解き明かす。

四六判・188頁●1680円

トヨタF1 最後の一年

尾張正博 著

978-4-544-40045-8

トヨタの撤退を目前に控えながら、自らの属する組織に背を向けようとも、F1を戦い続けようとした男たちの物語。

四六判・256頁●1575円

ホンダF1 設計者の現場

［スピードを追い求めた30年］

田口英治 著

978-4-544-40035-9

F1のエンジン設計の仕事とはどんなものなのか。長くF1にかかわった設計者が、現場の目線で等身大の姿を綴る。

四六判・216頁●1680円

シェルパ斉藤の島旅はいつも自転車で

斉藤政喜 文

978-4-544-40046-5

シェルパ斉藤が案内する、明日にでも行けるバイクトリップ。折りたたみ自転車で出かける、日本の美しい島々22の旅。

A5判・192頁●1575円

江戸庶民の心のままに楽しむ！

謎解き浮世絵叢書

町田市立国際版画美術館 監修

4月刊

葛飾北斎

百人一首 姥がゑとき

「姥《うば》が絵解き」と称し、江戸庶民の想像力で歌の心を再構成。風景画としての魅力も兼ね備えた美しく楽しい物語絵。

B5判ワイド・128頁

●2100円 978-4-544-21203-7

【既刊・続刊】

興味深い見どころをクローズアップ。

歌川広重 保永堂版

東海道五拾三次

謎かけスタイルの見出しを設け、拡大図と解説をまじえて紹介。

＊好評発売中●2100円

978-4-544-21201-3

月岡芳年

風俗三十二相

＊好評発売中●1680円 978-4-544-21202-0

月岡芳年 和漢百物語

＊7月刊●1680円 978-4-544-21204-4

鍾馗様祭り

新潟県・一九七八年二月撮影

新潟県東蒲原《ひがしかんばら》郡阿賀町の五集落と新発田《しばた》市の一集落で二月から三月にかけて行われる祭り。毎年、各集落では無病息災などを願って等身大から大きいのは三メートルに及ぶ藁人形の鍾馗《しょうき》（正鬼）様が作られ、入魂式と春祭りの神事が行われる。なかには男女一対という珍しい鍾馗様もある。百万遍念仏などが行われる集落もあり、祝宴ののち、前年の鍾馗様と交替して村境の祠《ほこら》や樹木に立てて祀られる。県の無形民俗文化財。

谷汲踊り

岐阜県・撮影年不詳

岐阜県揖斐《いび》郡の谷汲《たにぐみ》にある、天神神社で二月十八日の豊年祈願祭に奉納される太鼓踊り。谷汲踊りは十二人の踊り手の背負う四メートルもある色鮮やかな「シナイ」と呼ばれる飾りに特徴がある。これは竹を割り裂き、数十本を扇の形に束ねたもので鳳凰や孔雀の羽をかたどったとされている。これを揺さぶりながら胸前の大太鼓を叩いて踊る。四月のさくらまつりと十一月のもみじまつりでも奉納される。県の重要無形民俗文化財。

下諏訪温泉・みなとや旅館主人

小口惣三郎

（インタビュー）

岡本先生は「御柱は縄文の祭りだ。諏訪は縄文の文化が今も生きているから良い」と言っていました。縄文の祭り＝御柱に人間の源流を見、その源流に浸りたいという思いがあったようです。また、祭りは人間的ふれあいの原点、自分を脱ぎ捨て素っ裸で飲んで燃えてみんなと結びつく、それが楽しい、と。先生にとって、御柱は見るものじゃなく、参加するものだったんです。

最初に諏訪に訪ねて来た昭和四十九年（一九七四）の時は、旧国鉄のストライキに遭って祭りは見られず、終わって一月あまり経った六月に、柱だけでも見たいということで来られました。その時、「万治の石仏」を目撃して絶賛され、それですっかりその石仏は有名になったんです。それ以来諏訪に来るたびに、これは縄文時代からの石の信仰だと言って、いろんな人を石仏に案内していました。

岡本先生が御柱祭に参加したのは、確か次の昭和五十五年の時です。朝早く起きて暗い内から宿を出て、交通規制された五、六キロの道を敏子さんと一緒に歩いて行きました。現場に着くと氏子たちが興奮のるつぼ

です。それを見ると「縄文人がいっぱいいる！」と叫んで、人をかき分けどんどん先へ行ってしまう。その早いこと早いこと。私と敏子さんは、あっという間に置いてきぼりです。

私たちが担当した柱は「秋宮の一」という一番大きな柱でしたが、そこに近づくと、誰かが「岡本太郎がいる」と言って、先生はみんなに持ち上げられて、曳行長が乗る一番先頭に乗せてもらいました。とてもうれしそうな表情で乗っていて、ご機嫌でしたね。

その時の語録が残っていますが「実際に御柱に乗ると、恐竜の上に乗っているみたいに体に振動が伝わってくる」「御柱祭はたった一本の丸太ん棒を何千、何万人で引っ張ってお宮に持ってきて立てるだけの、最もシンプルな祭りだ。そんな祭りにあれほどみんなが燃えるのは、縄文からのDNAが人々の中に伝わっているからだ」「諏訪の氏子たちは七年に一度血が騒ぐと言うが、諏訪の血が騒ぐ頃、僕の血も騒ぐ」と言っていました。

先生を乗せて曳行していた御柱も、さすがに危険な木落しの時は下ろされてしまいました。でもその時も、

御柱に乗った岡本太郎

敏子さんや私たちが「危ないからやめた方がいい」と言っても、「死んだっていいから俺はこれに乗って降りる」と言ってきかないので、みんなで引きずり下ろしたんです。

その後、敏子さんや私と皆ばらばらに宿に帰ってきたんですが、帰宿後は、「俺を引きずり落とした」と言って、ずっと機嫌が悪かったそうです。どんなに危険を冒しても、よっぽどみんなと同じように乗っていたかったんですね。そうは言っても、柱は横に転がってしまうこともある。そうすると転がった柱の下敷きになって命を落とすこともあるんです。

岡本先生は、スキーでも世界的なプロスキーヤーと一緒に直滑降で滑り降りるような方でしたから、怖くなかったのかもしれません。野沢の火祭りの時も、先生は夢中になると何をするか分からないので、縄で縛って誰かが後ろで引っ張っていたという話を聞きましたが、まんざら大げさでもないと思っています。どういう心理状態か分かりませんが、命がけで飛び込んでいってしまうんですね。

書を書いている時も物凄い形相で、書き終わったとたんに穏和な顔になって、額から汗を流している。一文字書くだけでもそれだけ集中してエネルギーを筆先に伝えるようにして書いていました。今の人間に希薄なそういうエネルギーが、原始の人間、縄文時代の人間には満ち満ちていた、そういう世界に浸っていたい、という気持ちで先生は御柱に参加していたんだと思います。

亡くなった後、敏子さんから、太郎さんの遺影を誰か御柱に乗る人の胸に入れてもらえないかという手紙が来ました。諏訪を愛してくれた先生の願いだから叶えてやろうということになり、曳行長が棚小場《たなこば》（御柱曳き始めの神事を司る場所）から胸に写真を吊るしてきてくれました。木落しの人にもバトンタッチしてもらって。普通は途中何度か止まりながら落ちるものですが、その柱は下まできれいに落ちて、岡本太郎が守ってくれた、と新聞でも話題になりました。

下に降りたら、今度はそんなに先生が御柱に乗りたがっていたなら諏訪大社まで乗せていってやろうということになって、二、三人で代わる代わる乗って秋宮《あきみや》まで来ました。そこで終わりかと思ったら、せっかくここまで来たんだから、建て御柱のてっぺんまで乗せてやろうという話になり、上から三番目までの人が先生の写真を持って建てました。

山出しから建て御柱までずっと乗っていた人は、長い御柱史上岡本太郎ぐらいじゃないですか。（笑）

御柱祭を取材中の岡本太郎

「哄笑」　油彩・キャンバス　1972 年　145.0 × 113.0cm

Ⅲ 近畿

葵祭

京都府・一九七四年五月撮影

五月十五日に行われる上賀茂神社と下鴨神社の例祭。起源は六世紀半ばの欽明天皇の代に凶作が続き、賀茂の神々の祟りを鎮めるために馬の駆けくらべをして祭りを行い、五穀豊穣を祈願したことに始まると伝える。葵祭と呼ばれるのは、すべての奉仕者や社殿を葵で飾るためである。五月三日の流鏑馬《やぶさめ》神事に始まって、祭りの当日は王朝風俗を再現した五百名にも及ぶ人々と牛馬が京都御所から行列をなして下鴨神社、ついで上賀茂神社に向う。

郵便はがき

料金受取人払郵便

本郷支店承認

2522

差出有効期間
平成24年1月
31日まで

113-8790

348

（受取人）

東京都文京区本駒込6-2-1

株式会社 二玄社

営業部 行

お名前	フリガナ	男・女	年齢　　歳
ご住所	〒□□□-□□□□　e-mail 都道府県		
電話	-　-	FAX	-　-

※お客様の個人情報は、小社での商品企画の参考、あるいはお客様への商品情報のご案内以外の目的には使用いたしません。
今後、上記のご案内が不要の場合は、□の中に✓をご記入ください。 □

二玄社読者カード

ご購読ありがとうございました。今後の出版物のご案内、あるいは出版企画の参考にしたいと存じます。ご記入のうえご投函いただきますよう、お願い致します。

ご購入書籍名

●本書の刊行を何によってお知りになりましたか

1. 新聞広告（紙名　　　　　　　）　2. 雑誌広告（誌名　　　　　　　）

3. 書評、新刊紹介（掲載紙誌名　　　　　　　）

4. 店頭　5. 図書館　6. 先生や知人の推薦　7. 出版ダイジェスト

8. 図書目録　9. その他（　　　　　　　）

●本書の内容／装丁／価格などについてご感想をお聞かせください

●ご希望の著者／企画／テーマなどをお聞かせください

●本書をお求めになられた書店名

ご職業		購読新聞		購読雑誌	

祇園祭

京都府・一九七八年七月撮影

七月一日から一カ月間にわたって行われる、京都八坂神社(祇園社)の祭礼。平安前期、九世紀後半の貞観年間に京で疫病が流行したとき、亡き霊を鎮めるための御霊会《ごりょうえ》が起源と伝えられる。町衆の財力にも支えられ、応仁の乱で一旦は途絶えたが、復興後は前にもまして盛んとなった。七月十七日の山鉾の巡行が見もので、祇園囃子にのって豪華絢爛なすがたで市の中心街を巡る。同日には八坂神社の祭神を乗せた神輿が出る神幸祭《しんこうさい》など、期間中多くの行事がある。山鉾行事は国の重要無形民俗文化財。

鞍馬の火祭り

京都府・一九六三年十月撮影

京都洛北の鞍馬山にある由岐《ゆき》神社の例祭で、十月二十二日に行われる火祭り。由来は、平安時代中期に天変地異が相次いだ時に平安を願って、朱雀天皇の詔により、御所に祀られていた由岐明神を鞍馬に移した行列に村人が松明をもって出迎えたことに始まるという。祭りは夜になってかがり火がともされることから火祭りの名で知られる。鞍馬寺の山門前に人々が群がり、石段のところでは大松明が燃やされ、次いで青年たちに女性も加わって二基の神輿が参道を下り、鞍馬町を巡る。

そういえば鞍馬の火祭りでも、大松明をかつぐ若衆たちは、友禅の広袖の衣裳をまとっているが、下はフンドシ一丁の裸に、腰ミノをつけている。浦島太郎である。鞍馬のような山里、木樵や炭焼き達の祭りに、どうしてこんな海の風俗が、と一般に謎とされているが。私は直観的に、つかめる気がした。

鞍馬は京都に木材や薪炭を供給する、山の民の聚落だ。京都のような大都市を建設し、生活の火を確保する。その木材を伐り出すためには、厖大な労働力が必要だったろう。しかしそのために農村から人手を引き抜くわけにはいかない。かつての農業社会では、米をつくる百姓と土地とは労働力の必要からも、従ってモラルの上からも固着している。為政者こそ、農民が土地を離れることを恐れ、嫌った。そこで私は考えるのだが、たとえば漁民とか海賊のような遊動性のある民ならば、徴発し移住させ得る。政府は「夫れ海賊の徒は南北に萍浮し、唯だその利に殉《したが》ひ其居を恤《うれ》へす、追捕すれば則ち鳥散し、寛縦なれは則ち烏合す」（長沼賢海『日本の海賊』）といって手を焼き、討伐・追捕を繰り返しているのだから、これを生産的に配置転換させたとしたら、これはまことに名案、巧みな政治力だ。……もし私が想像する、こんな事情があったとすれば、行事の中に、彼ら自身も忘れてしまった、かつての生活の思い出、海の風俗の名残りが、伝統として形をとどめているのは自然で

はないか。

なるほど、うまい答えだ。この問題は発展させ方によっては、日本文化の一面を切りひらく鍵になる、と思った。

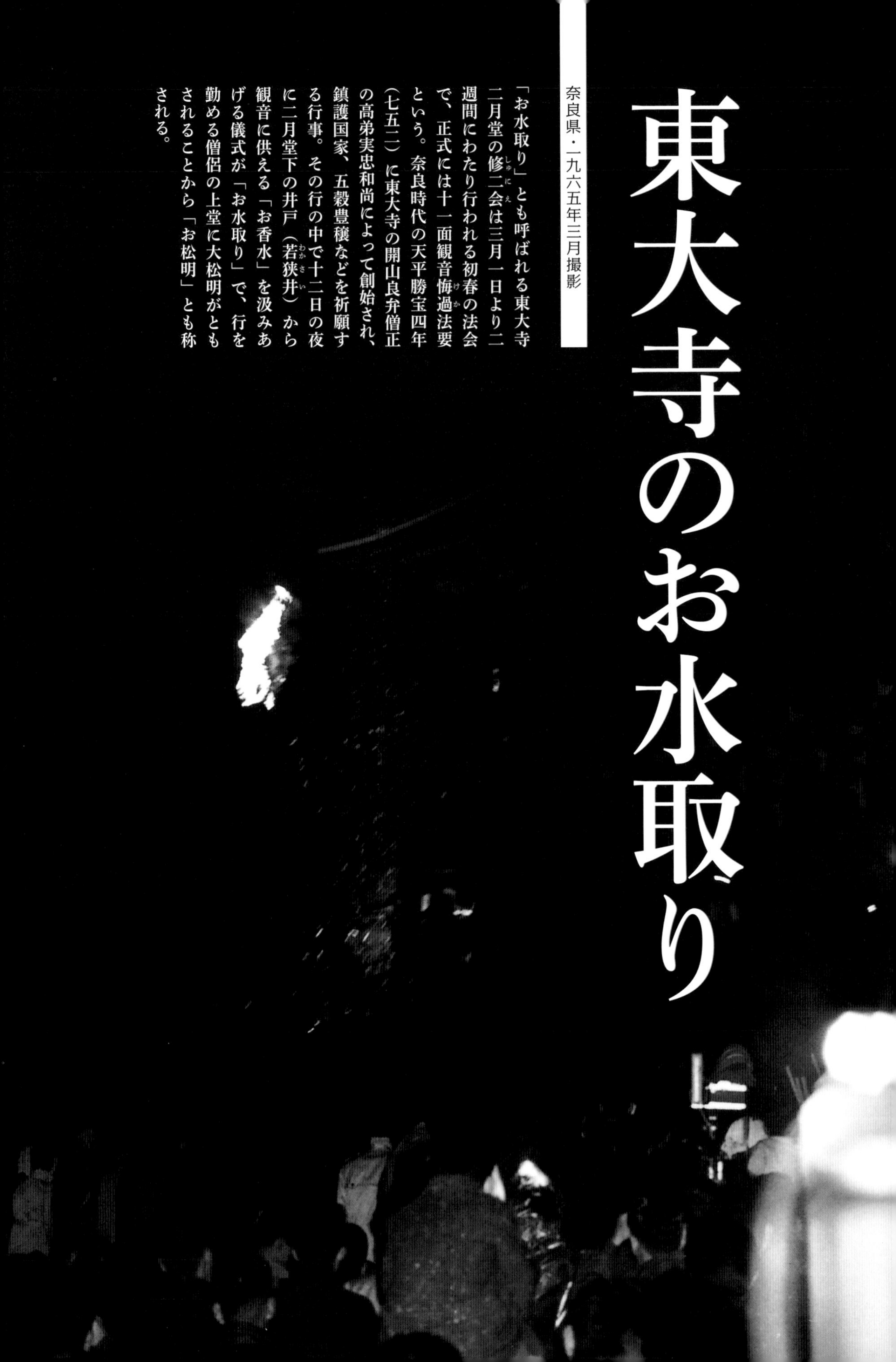

東大寺のお水取り

奈良県・一九六五年三月撮影

「お水取り」とも呼ばれる東大寺二月堂の修二会《しゅにえ》は三月一日より二週間にわたり行われる初春の法会で、正式には十一面観音悔過《けか》法要という。奈良時代の天平勝宝四年（七五二）に東大寺の開山良弁僧正の高弟実忠和尚によって創始され、鎮護国家、五穀豊穣などを祈願する行事。その行の中で十二日の夜に二月堂下の井戸（若狭井《わかさい》）から観音に供える「お香水」を汲みあげる儀式が「お水取り」で、行を勤める僧侶の上堂に大松明がともされることから「お松明」とも称される。

古都・奈良の闇は厚い。

漆黒の空の下、お灯明の光にケンランと二月堂が浮かび上がっている。

「お水取り」という千二百年来の由緒ある行事。そのひえびえとした神秘にさそわれてきた。

（中略）

今宵の行はこの大松明から始まって、「お水取り」があり、明け方の達陀《だったん》の怪奇な火の行事で終わる。炎と水のからみあい、その呪術だ。

（中略）

神仏、密教、修験がまじり合った秘法。大向こうを集める祭になっているが、本来はひそかに孤独に行われるべきだろう。そのとき、天地、宇宙全体に見とられているという、ひろびろとした精神の高まりが現出する。

那智の火祭り

和歌山県・一九六三年七月撮影

名瀑として知られる那智の滝を御神体とする和歌山県那智勝浦町の熊野那智大社で、七月十四日に行われる例大祭。扇祭りとも呼ばれる。本社境内で田楽舞などが奉納されたのち、高さ六メートルの木枠に鏡と三十余りの扇を飾った十二基の扇神輿が本社から滝前に渡御《とぎょ》する行事で、先行した十二本の大松明がこれを迎えて点火され、火祭りは最高潮に達する。滝前では田刈舞や那瀑舞が奉納され、その後、扇神輿は本社に帰還する。

蛇体が燃えるように、それが石段の幅いっぱいにうねり、回転する。激しい火煙にくらまされて、ほとんど暗い、向う側に、扇御輿が浮んで、なおもゆっくりと進んでくる。やがて松明の群と、ぶつかる。

炎と黒煙が、いちだんと大きくゆれ、渦巻き、よどむ。幾度も旋回しながら火の海は次第におしたてられ、段の下の方に退き下ってくる。

金と赤の飾り。炎。松明方の白衣と、紺の衣裳の御輿方、二つの群がおしあう姿は、古風な戦《いくさ》の絵図を思わせる、あでやかさだ。

古座の河内祭り

和歌山県の熊野灘に注ぐ古座《こざ》川で七月二十四、二十五日に行われる舟祭りで御舟《みふね》行事ともいう。河口近くの小島が河内《こうち》大明神（河内様）として祀られる御神体で、流域の五つの地区が参加する。御舟は幟や五色の吹き流し、提灯や太刀・弓矢などで飾り立てられる。二十五日の本祭りでは御舟とそれに従う伝馬舟などが島の対岸に着き、川原で獅子舞が舞われる。川原での神事ののち、少年たちによる櫂伝馬《かいでんま》舟の競争があり、その勝敗で豊漁が占われる。国の重要無形民俗文化財。

これほど華やかで、なまめかしいものだとは想像していなかった。見下ろすと、淵一体のたたずまいはこの世ならぬ趣きである。

（中略）

朝空はすき透って晴れていた。うしろに小高い山を負うた古座神社に行く。ここに「ショウロさん（上臈さん）」がお籠りしているのだ。

ショウロさんは十歳くらいの女の子と、二人の男の子、神主さんの家の、あけ放たれた縁で遊んでいた。

（中略）

島に向って祭壇がもうけてあるが、それとは別におショウロ様の屋台がある。幕を張った簡単な小屋、その中に三人の子供を坐らせる。不思議なことに、この生神様の座は、河内様とはまったく関係ないというように、横向き、ほとんど尻を向けるばかりにしつらえられている。どうやら海に正対しているようだ。

（中略）

ショウロさんの前には賽銭箱が置いてあり、おかみさん達や、逞しく陽やけした漁師が入れかわり立ちかわり手を合せ、争って賽銭を投げて拝んでいる。大漁と海上安全を祈っているのだそうだ。ひどく真剣な気配である。ところで河内様側の賽銭箱には、ほとんどあがっていない。それも暗示的だ。

真夏の陽はむごく照りつけている。あでやかに飾られた船は無人の静けさだ。内には昨夜から夜籠りしていた男たち、選びぬかれた屈強の漁師が、二十人ほども乗り組んでいるというのに。

ふと、船ばたを揃って叩く、乾いた音がつたわってくる。

やがて、「御舟唄」が低く響き、異様に凝った空気の層があたりにひろがって行く。御舟は静かに向きを変え、河内様を廻りはじめる。気がつくと、ヘサキにただ一人。白装束の舵取りが突っ立って、孤独に身動きもしない。むかし屋島の合戦の時、矢面に立った勇士の姿を伝えると聞いた。

この静けさ。御舟が神聖な島めぐりをしている間は、他の舟は一切停止して見まもるのだ。

水面にささった艪だけが、幕の下から、神霊の手のように、ゆるやかに水をかいている。漕ぎ手も、唄い手の姿も見えず、音声《おんじょう》だけが響く、超自然の神秘感がある。

御舟唄は木遣に似て、しかしもっとゆるやかで深い。声明《しょうみょう》のようでもある。永遠をわたってくる旋律が、碧の淵いっぱいにひろがると、舟を動かしているのは、その音であるかのように幻覚する。

御舟は三周する。これで神が降臨したもうたのだ。祭壇の前で獅子舞が奉納され、四つの天幕の下で酒もりがはじまる。獅子が舞い狂う。

祭り探訪・心のふるさとを訪ねて

民俗芸能研究家
内田長志

日本には、四季それぞれ趣の異なった風景がある。日本には四季の移り変わりのたびに祭りがある。毎日、どこかで「〇〇祭り」や「〇〇フェスティバル」が開かれている。

祭りに参加している人は皆笑っている。笑いは満足と喜びの表れであり、喜びは心の豊かさを高めさせる。

祭りの中では、一人ひとりの子供でも、個人としてではなく、町の子供、村の子供として、温かく見守られている。

また、祭りは多くの老若男女の協力で行われるため、人と人の熱い交流と地域社会の連携を強めさせ、子供の情操教育にも役立っている。

古くから伝えられてきた祭りは日本文化の源泉となり、時には新しい文化を創造し、時には古い文化を脈々と継承させてきた。

祭りには、様々な『まつり』がある。

「神輿を神社の石段から投げ下ろして壊し、御神体を取り出す」という「何だこりゃ」と思わせる奇祭。

若さ溢れる若者のエネルギーを「爆発」させるよさこい踊りやカーニバル。

諏訪大社の御柱祭など、命をかけて「信念と情熱」を貫き通す神への熱い信仰心。

『太郎の祭り』の写真展に動きと音を補充するために、筆者が撮ったビデオが活用されることになった。筆者が撮った祭りのビデオは、八〇〇件を超えるが、太郎は三〇カ所の祭りを取材したという。その中には、筆者が見ていない祭りが八件もあり、太郎と筆者の感覚の違いを感ずる。

写真展から推し測ると、太郎の持つ真髄を捉える鋭い視線とその感覚に驚嘆せざるを得ない。

その中でもとくに「オシラさま」の写真には驚いた。被写体の神秘的な目と表情に、呪術的な雰囲気を感じさせ、こんな写真を撮ってみたいと感じた。

「大曲の綱引き」は、二回見に行った。綱引き会場の道路は意識して除雪せず、むしろ、雪の少ない所にはわざわざ雪をばらまいていた。暴風雪警報が出ていた寒風吹き荒れる中、綱引きを始めた年があった。その綱引きをビデオ撮影していた時、綱引きに負けている方に声援を送りたい気持ちより、足の裏からじわじわとよじ昇ってくる寒さを、どのように処理しようかと考えていたことを思い出す。

「イザイホー」は十二年ごとの午年に、沖縄県の聖地・久高島で行われる。このイザイホーは久高島で生まれ育った三十歳以上の女性が神女となる就任儀礼であるが、一九七八年（昭和五十三年）以来、対象者がいないということで、途絶えている。筆者が祭り探訪を始めた時には、この儀式はすでに行われなくなっていたが、太郎はその厳粛な神女誕生の光景を、細やかなタッチで画像に残しており、貴重な祭礼の資産と評価されている。

筆者は、かつてサラリーマン時代にはエンジニアであった。仙台に単身赴任していた頃、定年後何をするか模索していた。

偶然のことから、太郎が見たという「西馬音内《にしもない》盆踊り」「鬼剣舞」「黒川能」（太郎が見ている羽黒山松例祭の一部に、この能がある）を見て、生涯学習として、祭りを探訪することを決めた。そして、ビデオカメラをお供に、週一以上のハイペースで祭り探訪を始めた。

理屈の世界から感性の世界に転換しなければならない筆者だったが、理屈抜きに、祭りの探訪を重ねて行った。

幾つかの祭り見物を重ねると、それは単なる観光旅行の延長ではないと考えるようになり、まとめたビデオのタイトルは「小旅行」から「お祭り行脚」、そして「祭り探訪　心のふるさとを訪ねて」へと変わっていった。

ユネスコでは、十年ほど前から、祭りや習俗など無形民俗文化財を厳選し、人類の無形文化遺産として登録するようになった。すでに、雅楽・能楽・歌舞伎・文楽などが、ユネスコ無形文化遺産に登録されているが、今後、各地の祭りが世界遺産として、次々と追加されていく予定である。

そんな動きを含めて考えると、太郎の祭り探訪は、「世界的な動きの先端を歩んだのではないか」と思うようになった。

祭りは、地域の平和と喜びの象徴である。

「踊り」 FRP 1982 年 176.0 × 110.0 × 90.0cm

Ⅳ 中国・四国

出雲大社例祭奉納行事

島根県・一九五七年五月撮影

島根県出雲大社で五月十四日から三日間行われる例祭には、島根県下の神潮神代神楽《うしおかみよかぐら》、大土地神楽《おおどちかぐら》、御田植え行事などが奉納される。島根県は神話のふるさとで神楽の盛んな地域。神代神楽は出雲神楽、岩戸神楽などとも呼ばれる。雲南市大東町の海潮山王寺《うしおさんのうじ》の氏子が伝える神潮神代神楽は、天石屋戸《あまのいわやと》で天宇受売命《あめのうずめのみこと》が舞ったのが起源と伝えられており、演目には須佐之男命《すさのおのみこと》が八岐大蛇《やまたのおろち》を退治する場面が含まれている。大土地神楽は地元大社町の大土地荒神社《おおどちこう》ゆかりのもので国の重要無形民俗文化財。御田植え行事はお囃子と田植え唄を歌って神を迎え、豊作を祈願する神事。

その日、五月十四日は出雲大社の例大祭で、社前ではにぎやかに奉納のお田植行事などやっている。初夏の陽を浴びながら、花笠をかぶって揃いの浴衣に手甲、脚絆の男女が華やかに群舞する姿に気をとられて、シャッターを切っているうちに、いつの間にか本殿の前に来てしまった。

（中略）

本殿を見終わって広場を右に折れると、また一つ広場がある。笛・太鼓。お囃子がひびき、大ぜい人がたかって、一隅の舞台でお神楽をやっている。ちょうど出雲神代神楽の真打、『簸《ひ》の川・大蛇』だった。

（中略）

舞台の上では、足名椎《あいなずち》・手名椎《てなずち》の爺さん婆さんが引っ込んで、やがてスサノオの尊《みこと》と大蛇の大立ち廻りになる。私はカメラをかかえ、宮司さんのおろしたての見事な下駄を黙って拝借して飛び出し、人垣をくぐって舞台のすぐ下に出た。

長い胴をぐるぐるひきずり、榊をふり廻してオロチは縦横無尽に暴れ狂う。舞台の手すりにとび上ったり、柱にしがみついて見物に飛びつきそうにしたり。その綿入れのしっぽで何べんもはたかれそうになった。

エネルギッシュで、かなり通俗性をもり込んだ、しかし時代離れしたふしぎなお神楽だ。剣をふりかざしたスサノオの尊はやや間抜けたお役人面だし、オロチは型通りの竜の顔だが、しかしそれぞれが無邪気に生きている。立ち廻りの間じゅう、何ともいえぬあどけない表情で、ポーッと、置物みたいな稲田姫がお囃子の前に立っている。あの娘《こ》いささかバカじゃなかろか、という風情だが、これは気に入った。

壬生の花田植え

広島県・一九六三年六月撮影

広島県山県郡の壬生《みぶ》で六月の第一日曜日に行われる。豊作や無病息災を願って田の神サンバイを祀る神事芸能で、江戸時代から豪農が近在の人びとを集めて盛大に行われてきた。刺繍をした布や金色の鞍をかけた飾り牛が田に入っての代掻《しろか》きに始まり、絣の着物に薄紅のたすき掛け、菅笠をかぶった早乙女たちが横一列に並んで、さまざまな節まわしの田植え唄を歌いながら、笛や太鼓のお囃子に合わせて苗をさすもので、「はやし田」ともいわれる。国の重要無形民俗文化財。

囃子がゆるく鳴りだし、花笠が一列になってすすみ出てくる。この踊りは数年前、日本青年館の民俗芸能大会で見たことがある。作り花をつらねて、まわりに垂らした、すっぽり身が隠れるほどの大きな笠をかぶって踊る。女装ではあるが、みな男だ。作りものが重いからだろう。十キロ近くもあるという。それがくるくる廻る姿は、華やかだ。

しかし私には、次に見た田楽の方が興味深かった。早乙女と、大太鼓を前にさげかかえた囃子方とが、向いあったり、輪を作ったり、対照的に踊る。リーダーである「さんばい」さん(田の神の司祭)が激しくささらを打ち鳴らして音頭をとり、いちだんと高い調子で歌いあげると、それに従って合唱し、舞う。古風なマスゲームといった感じだ。これにはリズムと、つやがあった。

(中略)

宇・壬生の高峰神社の境内。杉木立のひいやりした木陰に、黒々とした巨大な牛が二十頭あまり、あちこちにつながれていた。それぞれ飼主たちにとり囲まれて、派手な飾りをつけてもらっている所だった。

(中略)

やがて、美しく飾った横綱のように、一匹、一匹、鳥居をくぐり、重たい花鞍を用心しているような足どりで、石段をおりる。そして陽ざかりの狭い町なかを練りはじめた。

鞍の上に、さらに巨大な花笠や、鳥、花、ひょうたん、思い思いの作りものをのせ、家の紋や名前を書いた幟を高々と立てている。

町はすっかりお祭り気分。軒に緑の小枝をさし、紅白の幕をはりめぐらしている。その間を、のっそりのっそり、まことに愛嬌がある。

阿波踊り

徳島県・一九五七年八月撮影

八月十二日から十五日までの四日間にわたって徳島市の中心街一円で行われる盆踊りで、踊り手十万、観客およそ百三十万が繰り出す徳島県最大のイベント。安土桃山時代に蜂須賀氏を大名に迎えた阿波の領民が、城の落成を祝って始めたのがその起源といわれる。踊り手は、男性は半天姿や浴衣をからげ、女性は下駄に深い編笠をかぶる。音曲は太鼓、笛に三味線など多彩。同好の人びとが作る踊りの集団を連と呼び、さまざまな有名連がある。近年では徳島市に限らず、全国に阿波踊りが広がっている。

街はもうがらっと様子が変わっていた。

市役所前の特設踊り場に行ってみると、そこは目もくらむような照明とサジキに囲まれて、まるで闘牛場といった感じだ。

無数の提灯

がいっせいに輝いて、かきたてるような「よしこの」のお囃子が街いっぱいにわきおこっている。

威勢のいい若い衆連が、その中に踊り込んでくる。五十人から百人ぐらいが一団となって。――揃いの浴衣。足袋はだし。豆しぼりの手拭いで、ねじり鉢巻。ほっかぶり。長い竿のさきに名入りの提灯をかざしたリーダーを先頭に、めいめい手にウチワや細長い小提灯をふりかざし、身体をはげしくくねらせ、足をつき出しひっこめ、伸び上ったり、屈んだり、めまぐるしい。「アアーラ、エライやっちゃ、エライやっちゃ、ヨイヨイヨイヨイ」「踊る阿呆に見る阿呆、同じアホなら踊らなソンソン」

二拍子でくりかえしくりかえすハヤシは、あるいは激しく、あるいは急にスローテンポになって、もり上り、沈む。

「笹山通れば笹ばかり、石山通れば石ばかり、イノシシゃ豆食うて、ホーイ、ホイホイ」「池又菓子屋じゃ、日の出は餅屋じゃ、一丁目の橋まで行かんか来い来い」

何だかさっぱり意味がわからないがひどく面白い。こういうハヤシの間に、やや哀調をおびた甲高い唄のソロが流れる。――「阿波の殿様蜂須賀公が、今に残せし阿波おどり」終わりの方の調子がぐっとずれて、のびやかにゆるむ。何か静かで素朴な響きを伝えるこのメロディーは、陽気なリズムと入れまじって、独特な効果である。

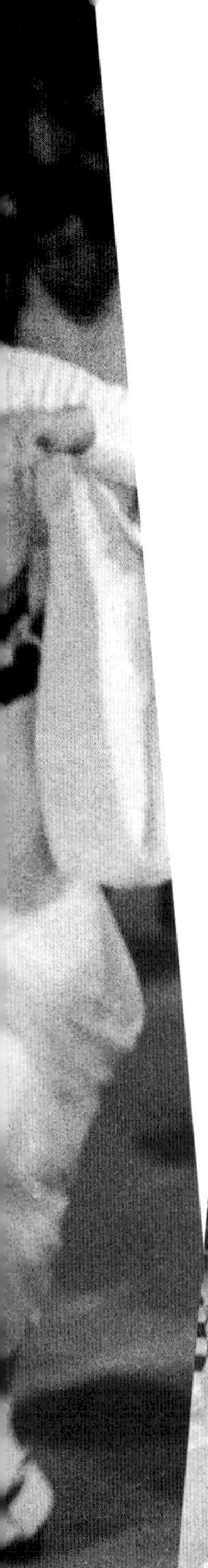

すべてを吹きとばしてしまう、すばらしく、ずばぬけた踊りだ。

日本にこんな陽気で激しい盆踊りがあるのかとびっくりする。私のような旅行者でもベラボーに楽しい土地の気分にとけ込んで、浮き浮きしてしまう。

フランスでは、俗にいう巴里祭があって、連日全市がわいて踊りあかすが、フォックストロットやタンゴでは、これほど興奮はしない。

毎年やって来て、土地の人と一しょに踊りたい。こんなことを言ってるだけで、手と足が自然に踊って来る。

阿波おどりとか人形浄るりの、民衆的な、異常な発達。——いわゆる日本文化はいつでも上から押しつけられ、めぐみ下されたものといえる。民衆からのもり上りはまったく無価値のように押しつぶされ、下積みになってしまった。まるで縁の下の雑草のように、伸びるべくして伸びず、じわじわと生きつづけた。だがここでは、それが逞《たくま》しく育っているように見える。

蓮池の太刀踊り

高知県・一九五七年八月撮影

太刀踊りは高知県を中心に愛媛県、徳島県に見られる民俗芸能。土佐市蓮池の太刀踊りは十一月三日、西宮八幡宮の秋祭りに行われ、花取踊りとも呼ばれる。男衆が袴姿に襷がけ、白鉢巻をしめて勇壮な太刀さばきを見せるこの踊りは、本来は祖霊供養の盆踊りであるが、南北朝時代の合戦の勝利を祝って奉納されたのが始まりという伝承もある。切られた紙総が紙吹雪となって散り乱れる演目や、太刀ではなくザイと呼ばれる綾竹を用いる演目もある。県の無形民俗文化財。

炎の祭りの岡本太郎

民俗学者
神野善治

北信濃の野沢温泉村で、毎年一月十五日に「道祖神の火祭り」が行われる。私はこの祭りに魅せられ、たびたび野沢を訪ねた。はじめは一九七〇年代の終り。甲信越の小正月行事を訪ね歩き、野沢に行き着いた。ただ、スキーを楽しみたいという誘惑に勝てず、ゲレンデに立った日に「岡本太郎」を目撃した。スキーヤーたちに囲まれ、何やら語っている小柄な人物。私は、まぢかに「ほんもの」をしばし眺めてその場を去った。その日、野沢でも一番の古老から、道祖神祭りの話とともに、こんな話も聞いた。「岡本太郎さんにスキーを教えたのは、うちの息子なんです。それが、滑り方の説明をはじめた途端に、岡本さんはもう一人でスーっと滑り出した。みんな慌てましたが、真っ直ぐ滑り降りたその先で、岡本さんはもう、まわりの人たちに『スキーは、直滑降でなくてはいけない』と演説してたんですよ」と。その後も、岡本さんはたびたび、この地を訪ね、スキーと道祖神祭りを楽しんでいるのだという話だった。

この祭りは「火元」の河野家の囲炉裏端で始まる。そこにもハッピ姿の岡本太郎がいた。男女の人形道祖神の前で、当主が燧石《ひうちいし》で小さな火を切り出す。それが二メートル余りの麻殻の太いタイマツに移され、大きな炎となって座敷の中で燃え上がる。そのタイマツは蓑笠姿の男たちに抱えられて雪の戸外へ。そして祭りの広場に運ばれて、火祭りが始まる。そこには豪壮な「社殿」がそびえている。前日、野沢の男たちが一〇〇人がかりで築きあげた構築物だ。梢まで高さ二〇メートル余りのブナの木五本を、人力だけで雪原に立て、ブナの割材を井桁に組み上げて、社寺の堂塔のように軒が反りあがった美しい社殿ができあがる。この社殿めがけて、野沢中の男たちが、燃えるタイマツをかかげて突進するのだ。社殿上には四十二歳の厄年をむかえる男たちが、前面には二十五歳の青年たちが立ちはだかって防戦する。火の粉が飛び散る激しい叩きあいが一時間余り続いたあと、社殿は白煙につつまれる。男たちの災厄が焼き払われるのだ。雪原に巨大な炎の柱が出現し、遠巻きに見る私たちの顔も焼かれる。やがて社殿は轟音とともに崩れ落ち、火の粉が高く舞い上る。いつの間にか殿上から降りた厄年の男たちと、ボロボロに焦げた作業着の男たちは、互いに肩を組み「また来年も、命あるなら来年も……」と道祖神歌に酔いしれる。涙で濡れた煤まみれの顔が残り火に照らされている。この晩、岡本太郎も群衆のどこかで、あの目を大きく見開き、自らのうちなる「炎」を燃やしていたにちがいない。

岡本太郎は、全国の祭りを訪ね歩いたことが知られているが、芸術家・岡本太郎が、なぜ「祭り」を訪ねて日本を旅したのだろうか。その答えは「神秘」という言葉に凝縮され、著書『神秘日本』の「後記」に、それが端的に示されている。パリで青春の十年以上を暮らした太郎は、当時の世界を代表する芸術家たちに囲まれ、自分は「日本人」であるよりも「世界人」になりきろうとした。しかし、マルセル・モースに師事して民族学（文化人類学）を学んだことで、この学問が教える世界の見方が、自らの芸術探求にとって必須の条件であることを悟った。そして全人間的に生きることと、対極的に世界を見ること、具体的には「日本人」としての自分自身の存在を知ることが、芸術活動の前提になると考えるようになったのだ。

そして帰国後、「日本の民族の中に秘められた文化の独自性」つまり、この民族がもつ「固有の暗号」を探ることに情熱を傾けた。それを「神秘」という言葉で語っている。それは「見えない暗号でありながら、また生活的には、形となったり色となって表現される。こういう無言の地点から、民族の文化、芸術を理解したい」。それには「肉体的に自分の神秘、その実体を見つめなければいけない」という。

日本では、ちょうど柳田國男が確立させた「民俗学」が、すでに魅力的な素材をたくさん蓄積していた。柳田は、民俗学が「自省」の学であり、日本人としての自らを知ることだとし、それは目に見える「有形文化」や、耳に聞こえる「言語芸術」に伝えられるが、究極のところは、心に響きあう「心意現象」を把握することが目標だとした。それは、まさに太郎がめざしたものに通じたのだ。

しかし、太郎は、独自の方法でそれを追求した。まず、鋭敏な直感力で、見るべき対象を定め、自らのこころに共鳴する感動を求めて旅をしたのである。日本の伝統は、多くの刺激と感動を太郎に与えたが、とりわけ「祭り」は、太郎が求める戦慄的な刺激をたくさん秘めていた。祭りは人間と神との交信の方法である。自然と人間と神の世界が交錯するところに、「火と水」「生と死」「野生のエネルギー」、それに柳田は回避した「性」のテーマなどが潜んでいた。そこには人間にとって根源的な生き方、精神のあり方が見え隠れする。太郎は、民俗学が得意とする観察と比較による帰納法的な手法をとりつつも、実に大胆に独自の哲学的思考を楽しんだ。自らの内と外の世界を普遍化した「太郎まんだら」を描こうとするかのように。

「石と樹Ⅱ」　油彩・キャンバス　1983 年　130.0 × 162.0cm

V 沖縄

石垣島の山羊焼き

沖縄県・一九五九年十一月撮影

山羊は方言でヒージャーといい、ヒージャー汁は祭りや上棟の祝い、九十七歳の長寿を祝うカジマヤー（風車）の祝いなどに欠かせない郷土料理として、一頭を屠《ほふ》ってふるまわれてきた。ワラをかぶせ火を付けて体毛を焼き、解体後、骨つきのぶつ切りにして大鍋で数時間煮込む。油と独特の匂いがあるが、フーチバ（よもぎ）を入れると緩和され、慣れればその香りが食欲をそそる。血はチイリチー（血炒め）に皮付き肉はあぶって刺身にもする。ヒージャーグスイ（山羊薬）とかヌチグスイ（いのちの薬）と言って尊ばれてきた。

沖縄県・一九五九年十二月撮影

川平の獅子舞

獅子舞は沖縄県全域に分布しており、八重山諸島の石垣島も盛んなところ。川平《かびら》では十月の結願祭と十二月の節祭の獅子祭りに悪霊を祓い、豊作を祈願して舞われる。八重山の獅子舞の起源は、四、五百年前の昔、川平の海岸に獅子頭の入った箱が漂着したという伝承や、安南人《あんなんじん》が伝えたという説もある。獅子は本州とは異なり、胴や足は芭蕉の繊維で作られた着ぐるみ風の独特のもので、二人一組であやつり、雌雄二頭が舞う。

イザイホー

沖縄県・一九六六年十二月撮影

沖縄県久高島で十二年ごとの午年の旧暦十一月中旬に行われてきた、島の祭祀組織への加入儀礼。島で生れ育った三十歳から四十一歳の女性は、この儀式を経てナンチュと呼ばれる神職者（巫女）となる。本祭の一カ月前から準備が始められ、儀礼はノロと呼ばれる巫女集団の最高職に指揮されて他界からの来訪神を迎え、その認証を得て、神を送り出すというもの。しかしノロの高齢化や過疎化によるナンチュの候補者不在などにより、一九七八年を最後に行われていない。

息子さんのあとについて外に出た。またいくつか石垣の間を曲がり、木立の下の道をしばらく行くと、ちょっとした空き地に出た。その一隅に大ぶりの四阿《あずまや》のような柱だけの建物が建っていた。神アシャギである。

ここが名高い「イザイホー」の行われるウドンミャー（御殿庭、あるいは御殿宮）だ。

久高島では三十から七十までの女性はすべて神事に参加しなければならない。そして十二年に一回、午の年に、新しいナンチュ（神人）を資格づける厳粛な儀式が行われる。イザイホーの神事だ。

儀式は三日間にわたる。神アシャギはクバの葉でおおわれ、そのうしろの阿檀林、イザイ山の中に、「七つ屋」という、クバで葺いた小屋を作って、三十から四十二までの女は厳重なおこもりをする。さらにミソギで身を浄める。

二日目のたそがれ、裸足で、黒々とした長い髪をふりみだした白装束の女たちが、何十人も、

「エーファイ！」

と掛声をかけながら、疾走してきて、順々に「七つ橋」を渡るのだ。

むきだしに粗野、だからこそ、凄い。ドラマティックだ。それは原始の神秘である。

橋渡りは祭りの最高潮で、女たちは極度に緊張して真青になるそうだ。これによって、人間の女から、ナンチュに変身する。つまりこれは神聖なイニシエーションの儀式なのだ。

三日目の朝。はじめての青空。明るい。御殿庭で「花さし遊び」が行われる。ナンチュたちが神女の資格を得る合格の式。この晴れの日に、今まで洗い髪を垂らして悽愴な姿だった彼女たちは、はじめて髪を結いあげ、そしてノロ以下全員が、イザイ花とよばれる作り花を髪に挿す。

この日の円舞は華やかだ。キラキラと光の降りそそぐ神の庭に、白い袖、赤白黄の切紙のイザイ花が陽に輝く。

まん中に向きあったノロ達が、オモロを高い調子で一節うたう。すると全員が低く和して繰返しながら手を拍つ。

女たちはゆるやかに進みながら、時々そろって半歩、左足をずらす。白砂の上の素足のなまなましさ。その肌の色が私にはこの祭のカナメのように思えた。

突然、頭の上に切裂くような金属音。見上げると、キラッと光った三角形。鋭い刃をつらねた怪鳥のようなジェット編隊が、白い筋を引いて矢のように過ぎる。不協和なあいの手だ。だが白衣の踊りの輪は静かに流れて行く。

一たんイザイ山に隠れた神女達は、やがて行列をそろえて、神アシャギの左手に据えられた三つの臼の前に進んでくる。合格の印を与えるのは、男の「外間根人」の役である。うやうやしく、ノロ以下全員の額、両頬に指先で朱を捺す。いかめしい儀式が、ふと色めく。

イザイホーのクライマックスを見おわると、私は急いで島の東側の砂浜に走った。風の向きで、そこから舟が出るという。これを逃がしたら今日中には帰れない。まだ祭は続いているが……。

真青な南の海の上を、舟は激しく躍った。

「太郎の祭り」展を終えて

岡本太郎は様々な祭りを見ている。多忙なスケジュールの中、開催日にその地を訪れる。祭りによっては十二年に一度、七年ごとに行うものなど、簡単には見ることができないものもある。そうした祭りにも通い、ナマの祭りを体験している。しかも、出版化されている祭りの記事を見ると、その場の様子だけでなく、祭りの起源や謂れについても詳しく書かれているものが多い。それだけ、祭りに対する関心が高かったことが感じられる。

撮影した写真の多さからも、祭りへの関心の高さは窺える。それらを見ていると、記録的に数枚、遠巻きに撮った祭りもあれば、一般の人が入ることが出来ない場所にまで近付いて膨大な数を撮っている祭りもある。その差には様々な事情が関係しているとは思う。しかし、数多く撮っている祭りの写真を見ていると、自分も踊るかのようにアングルが揺れ、撮っている時の興奮が伝わってくる。

岡本太郎が夢中になって撮影している祭りはシャーマニズムの要素が強いものが多い。その土地その土地で、奉られている神や、過酷な環境に対して、感謝の気持ちや、恐れ敬う人々の切実な願いが祭りとなったものである。また、その地の社会に認められる通過儀礼としての意味合いを持つものもある。祭りはその地で生きる人々にとってかけがえの無い、生き抜くために必要な儀式だった。このような祭りは古くから、その意思が受け継がれ、そこに太古の精神が息づいている。芸術表現においても人間本来の姿をテーマとしていた岡本にとって、人間の根源的な思いからなる祭りにこそ魅力を感じたのであろう。

今回祭りの取材をする中で、岡本が見た祭りのいくつかを実際に体験することができた。地域性が豊かで独特なものが多く、そのため観光資源として扱われている部分もある。しかし、実際に祭りを行っている人達は、昔ながらの方法、思いを引き継ぎ、昔と変わりない祭りを行っている。ハレとケの差も薄れ、生き抜く術を儀式に頼らない現代では、引き継ぎ残すことすら困難だと感じる文化である。だが祭りによっては、本来の姿が薄れないようにと、むやみに伝承させないようにしているものさえあった。そうした脈々と受け継がれてきた思いこそ、日本人のルーツであり、岡本が、縄文土器を発端に、各地を廻り、求め歩いた日本の姿の一つであると感じた。

最近青森のイタコが姿を消そうとしているという記事を目にした。元々の背景を考えれば、それは社会がよくなったとも考えられる。しかし、その文化自体が消えてしまうと、何か一つ根が切れてしまうような気もする。岡本の眼を通して日本の祭りが再認識され、このさきも失ってはならない日本人の思いとして受け継がれていくことを願う。

川崎市岡本太郎美術館　大高　修

岡本太郎掲載文出典一覧　※ 頁数は本書での収録頁を示す。

『MRC-flash』（1978年4月1日・メジカルビュー社）「祭」p.4-7

『神秘日本』（1964年・中央公論社）
「オシラの魂 ―東北文化論―」p.12, p.16, p.19, p.21, p.23, p.25 ／「修験の夜 ―出羽三山―」p.45, p.47
「火、水、海賊 ―熊野文化論―」p.72-73, p.79, p.82-83 ／「花田植 ―農事のエロティスム―」p.95

『日本再発見 ―藝術風土記―』（1958年・新潮社）「岩手」p.13, p.40-41 ／「秋田」p.30 ／「出雲」p.91 ／「四国」p.97, p.100

『岡本太郎の眼』（1966年・朝日新聞社）「古雅のエロティスム ――西馬音内の盆踊り」p.36-37 ／「闇と炎の神秘 ――お水取り」p.75

『芸術新潮』（1980年7月・新潮社）「諏訪　御柱祭　」p.54-55

『信濃毎日新聞』（1978年10月19日・信濃毎日新聞社）「火の信仰と道祖神の火祭り」 p.59

『徳島新聞』（1957年8月10日・徳島新聞社）「渦巻く激情」 p.98

『忘れられた日本 ―沖縄文化論―』（1961年・中央公論社）「紙と木と石」 p.112

『週刊朝日』（1972年1月20日・朝日新聞社）「現代に生きる古代　巫女の島・久高」 p.113

岡本太郎《おかもとたろう》と日本《にっぽん》の祭《まつ》り

2011年3月30日　初版印刷
2011年4月15日　初版発行

編　者　川崎市岡本太郎美術館《かわさきしおかもとたろうびじゅつかん》

寄稿者　みうらじゅん
小口惣三郎《おぐちそうざぶろう》
内田長志《うちだひさし》
神野善治《かみのよしはる》

発行者　渡邊隆男

発行所　株式会社二玄社
東京都文京区本駒込6-2-1　〒113-0021
電話03（5395）0511　FAX 03（5395）0515
URL http://nigensha.co.jp

ブック・デザイン　横山明彦　宮下久美子（WSB）
印刷・製本　凸版印刷株式会社

ISBN978-4-544-20024-9

●生命がふくらむ太郎の言葉が充実！

川崎市岡本太郎美術館所蔵作品集 **TARO**

川崎市岡本太郎美術館 編

油彩、版画、彫刻からインダストリアルデザインまで、多方面で幅広く活躍した岡本太郎の全体像とその魅力を紹介する。主要作品には、解説と図版を同頁に収録し、太郎自身の示唆に富む言葉を各所にちりばめる。

B5判・120頁●2200円

●超人太郎が、現代に向かって再爆発！

岡本太郎 歓喜

岡本敏子 編

常に時代の最先端に立ち、理知と情熱の交点で透明な爆発に挑んだ稀代の芸術家。その太郎の多様な活動の全貌を、フル・ジャンルの作品群と縦横無尽の名言によって一冊に結晶。超人的生命のエキスが炸裂する！

B5判変型・128頁●2800円

●美術家×写真家、奇跡の共鳴！

岡本太郎 神秘

岡本太郎 撮影・文／内藤正敏 プリント
岡本敏子・内藤正敏 共編

太古より生命の根源に息づく“神秘”。東北の鹿踊り、沖縄の御嶽など、岡本太郎が国内外で撮影した数万点のネガから、写真家内藤正敏が自らのイメージで自由にリプリント、太郎の言葉を配して再構成した写真集。

B5判変型・136頁●2600円

●“人間・岡本太郎”に激迫！

太郎神話 —岡本太郎という宇宙をめぐって

岡本敏子 編

池部良、埴谷雄高、池田満寿夫、白洲正子、石原慎太郎、寺山修司、瀬戸内寂聴、南伸坊、横尾忠則……総47氏が、今あらためて脚光を浴びる太郎を語る。戦前から1999年を四期に分けて文化史の流れと共に人間像に肉迫。

四六判・288頁●1800円

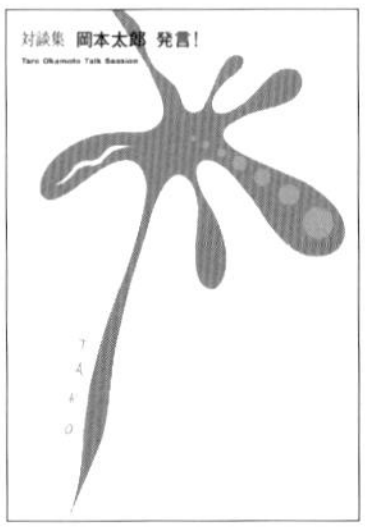

●生きることは爆発だ！

対談集 岡本太郎 発言！

岡本敏子
川崎市岡本太郎美術館 共編

「本職は人間だ」と言い放ち、真っ正面から専門家に切り込んで行った岡本太郎の痛快な語り口が蘇る。芸術論から文明史、恋愛、政治論と、あらゆる分野に及ぶ膨大な数の対談・鼎談から25篇を厳選して収録。

A5判・326頁●2200円

二玄社〈本体価格表示・消費税が加算されます。平成23年4月現在。〉http://nigensha.co.jp